全国中等职业学校
课程改革规划新教材

Qiche Dipan Gouzao yu Chaizhuang
汽车底盘构造与拆装
（第二版）

主　编　柏令勇　李江生
副主编　李　磊　黄　刚

人民交通出版社

内 容 提 要

本书是全国中等职业学校课程改革规划新教材之一,其主要内容包括:汽车底盘总体构造的认识及拆装前的准备、离合器的构造与拆装、手动变速器和自动变速器的构造与拆装、万向传动装置的构造与拆装、车轮的构造与拆装、前桥和后桥的构造与拆装、转向器的构造与拆装、盘式车轮制动器和鼓式车轮制动器的构造与拆装,共11个学习任务。

本书为中等职业学校汽车运用与维修专业的教材,也可供汽车维修及相关技术人员参考阅读。

图书在版编目(CIP)数据

汽车底盘构造与拆装/柏令勇,李江生主编. —2版.
—北京:人民交通出版社,2013.7
全国中等职业学校课程改革规划新教材
ISBN 978-7-114-10381-0

Ⅰ.①汽… Ⅱ.①柏…②李… Ⅲ.①汽车 - 底盘 - 结构 - 中等专业学校 - 教材②汽车 - 底盘 - 装配(机械) - 中等专业学校 - 教材 Ⅳ.①U463.1②U472.41

中国版本图书馆 CIP 数据核字(2010)第 033824 号

全国中等职业学校课程改革规划新教材

书　　名:	汽车底盘构造与拆装(第二版)
著 作 者:	柏令勇　李江生
责任编辑:	戴慧莉
出版发行:	人民交通出版社
地　　址:	(100011)北京市朝阳区安定门外外馆斜街3号
网　　址:	http://www.ccpress.com.cn
销售电话:	(010)59757973
总 经 销:	人民交通出版社发行部
经　　销:	各地新华书店
印　　刷:	北京市密东印刷有限公司
开　　本:	787×1092　1/16
印　　张:	10
字　　数:	222 千
版　　次:	2011年1月　第1版 2013年7月　第2版
印　　次:	2015年11月　第4次印刷　总第7次印刷
书　　号:	ISBN 978-7-114-10381-0
定　　价:	22.00元

(有印刷、装订质量问题的图书由本社负责调换)

全国中等职业学校汽车运用与维修专业
课程改革规划新教材编委会

（排名不分先后）

主　　任：李　青（四川交通运输职业学校）　王德平（贵阳市交通技工学校）
副 主 任：王珏翎（成都市工业职业技术学校）　韦生键（成都汽车职业技术学校）
　　　　　徐　力（成都市工程职业技术学校）　雷春国（郴州工业交通学校）
　　　　　杨兴红（郫县友爱职业技术学校）　　赫天华（西昌交通学校）
　　　　　刘有星（四川交通运输职业学校）　　姜雪茹（成都市工业职业技术学校）
　　　　　袁家武（贵阳市交通技工学校）　　　刘　力（重庆渝北职业教育中心）
　　　　　黄　轶（重庆巴南职业教育中心）　　唐孝松（郴州工业交通学校）
　　　　　蹇明香（达州高级技工学校）
委　　员：刘新江　柏令勇　钟　声　陈　瑜　黄仕利　雷小勇　杨二杰　袁永东
　　　　　雍朝康　李江生　黄靖淋　程　戈（四川交通运输职业学校）
　　　　　向　阳　张兴华　曾重荣　王万春　兰国龙　周殿友
　　　　　秦政义（成都汽车职业技术学校）
　　　　　谢可平　王　健　李学友　姚秀驰（贵阳市交通技工学校）
　　　　　王从明　陈凯镁（成都市工业职业技术学校）
　　　　　韩　超　唐建鹏（成都市工程职业技术学校）
　　　　　许　康　（四川交通职业技术学院）
　　　　　王晓洪　罗　波　李显良（达州高级技工学校）
　　　　　袁　亮　陈淑芬（郴州工业交通学校）
　　　　　向朝贵　丁　全（郫县友爱职业技术学校）
　　　　　梁秋声　任佳仲（西昌交通学校）
　　　　　石光成　李朝东（重庆巴南职业教育中心）
　　　　　黄　晓　唐守均（重庆渝北职业教育中心）
　　　　　夏　坤（重庆立信职业教育中心）
丛书总主审：朱　军
秘　　书：戴慧莉

第二版前言

"全国中等职业学校课程改革规划新教材"第一版自2010年出版发行以来,多次重印,被全国多所中等职业院校选为汽车运用与维修专业教学用书,受到了广大师生的好评。

本套教材第一版出版后,人民交通出版社和编者陆续收到了一些院校教师的信息反馈,他们对书中的内容提出了宝贵的意见和建议。

2012年8月,人民交通出版社组织十几所院校的汽车系教师代表,在成都召开了"全国中等职业学校课程改革规划新教材"修订会议,经过认真研究讨论,确定了每本教材的修订方案;2013年3月,又组织召开了"全国中等职业学校课程改革规划新教材"审稿会,对修订教材和新编教材进行了审定。

《汽车底盘构造与拆装》的修订工作,就是在本书第一版的基础上,吸收了教材使用院校教师的意见和建议,在会议确定的修订方案指导下完成的,教材的内容修订主要体现在以下几个方面:

(1)学习任务四、十中的部分图,进行了更换。

(2)修正了书中部分名词术语,使表述更准确。

(3)书后补充了参考文献的书目。

本书由四川交通运输职业学校柏令勇、李江生担任主编;由郴州工业交通学校李磊、湖北交通职业技术学院黄刚担任副主编;由贵阳市交通技工学校张媛担任参编。

限于编者水平,书中难免有疏漏和错误之处,恳请广大读者提出宝贵建议,以便进一步修改和完善。

全国中等职业学校汽车运用与维修
专业课程改革规划新教材编委会
2013年6月

第一版前言

为加快我国新型工业化进程,调整经济结构和转变增长方式服务,我国把发展职业教育摆在了突出的位置上,实施了国家技能型人才培养培训工程,特别是加强了对现代制造业、现代服务业紧缺的高素质、高技能专门人才的培养。教育部提出,职业教育要为区域经济的发展以及区域经济产业结构的调整服务。

中等职业教育作为我国高中阶段教育的重要组成部分,肩负着培养技能型人才的重任,其发展正日益得到重视。然而,目前我国许多中等职业学校实施的教学与所承担的任务不相适应,许多学校课程教学的内容陈旧,不适应生产实际的要求。在新的历史时期,中职学生应当具备解决实际问题的操作能力、学习新知识和新技能的能力以及多方面的综合素质,以适应职业生涯和终身发展的需要。因此,中等职业教育必须加快改革,加快构建以岗位能力为本的专业课程体系。

本套教材正是基于上述背景编写而成,且具有如下特点:

1. 职业教育性:渗透职业道德教育理念,体现就业导向;培养学生爱岗敬业、团队及创业精神;树立安全和环保意识。

2. 教学适用性:教学内容符合专业培养目标和课程教学基本要求;取材合理,分量合适,符合"少而精"的原则;深浅适度,符合中职学生的实际水平。

3. 知识实用性:体现以职业能力为本位,以应用为核心,以"必需、够用"为度的原则;紧密联系生活、生产实际;加强教学针对性,与相应的职业资格标准相互衔接。

4. 结构合理性:教材的体系设计合理,循序渐进,符合中职学生心理特征和认知、技能养成的规律;结构、体例新颖,并配制有多媒体教学课件,适应先进教学方法的运用。

本书由四川省交通运输学校柏令勇、李江生担任主编;由绵阳交通学校张会英、郴州工业交通学校李磊担任副主编。

限于编者的经历和水平,书中难免有不妥或错误之处,敬请广大读者批评指正,提出修改意见和建议,以便再版修订时改正。

全国中等职业学校汽车运用与维修
专业课程改革规划新教材编委会
2010 年 5 月

目 录

学习任务一　汽车底盘总体构造的认识及拆装前的准备…………………………………… 1
学习任务二　离合器的构造与拆装…………………………………………………………… 14
学习任务三　手动变速器的构造与拆装……………………………………………………… 26
学习任务四　自动变速器的构造与拆装……………………………………………………… 53
学习任务五　万向传动装置的构造与拆装…………………………………………………… 76
学习任务六　车轮的构造与拆装……………………………………………………………… 91
学习任务七　前桥的构造与拆装……………………………………………………………… 98
学习任务八　后桥的构造与拆装……………………………………………………………… 111
学习任务九　转向器的构造与拆装…………………………………………………………… 120
学习任务十　盘式车轮制动器的构造与拆装………………………………………………… 131
学习任务十一　鼓式车轮制动器的构造与拆装……………………………………………… 144
参考文献………………………………………………………………………………………… 150

学习任务一　汽车底盘总体构造的认识及拆装前的准备

任务要求

完成本学习任务后,你应该能:
1. 叙述汽车底盘的作用、组成及汽车的行驶原理;
2. 叙述汽车底盘各主要系统的作用、组成和安装位置;
3. 掌握汽车底盘的布置形式及各种形式的优缺点;
4. 掌握汽车维修的流程、维修工的工作原则;
5. 掌握汽车维修的日常安全守则。

建议学时:6 学时

任务描述

借助一辆桑塔纳 2000 型轿车,通过观察其底盘结构,认识汽车底盘各总成的外形、安装位置和相互连接关系,熟悉汽车维修的流程及操作规范。

一、理论知识准备

(一)汽车底盘的基本组成

汽车底盘由传动系、行驶系、转向系和制动系四大系统组成,其功用为接受发动机提供的动力,使汽车运动并保证汽车能够按照驾驶员的操纵而正常行驶。图 1-1 和图 1-2 为常见载货汽车和轿车的底盘结构图。

1. 传动系

汽车传动系是指从发动机到驱动车轮之间所有动力传递装置的总称,其功用是将发动机的动力传给驱动车轮。不同的汽车,传动系的组成稍有不同。载货汽车及部分轿车,其传动系一般是由离合器、手动变速器、万向传动装置(万向节和传动轴)、驱动桥(主减速器、差速器、半轴、桥壳)等组成,如图 1-3 所示。目前,越来越多的轿车采用自动变速器装置,其传动系包括自动变速器、万向传动装置、驱动桥等,即用自动变速器取代了离合器和手动变速器。

越野汽车(包括SUV,即运动型多功能车)还应包括分动器。

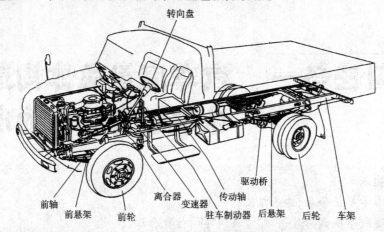

图1-1 载货汽车底盘结构

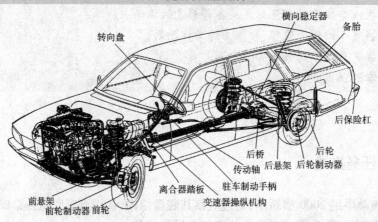

图1-2 轿车底盘结构

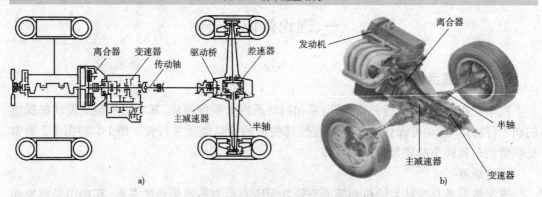

图1-3 汽车传动系的组成
a)汽车传动系示意图;b)汽车传动系仿真实物图

传动系各组成部件分别具有如下功用。
(1)离合器:保证换挡平顺,必要时中断动力传动。

(2)变速器:变速、变矩、变向、中断动力传动。
(3)万向传动装置:实现有夹角和相对位置经常发生变化的两轴之间的动力传动。
(4)主减速器:将动力传给差速器,并实现降速增矩、改变传动方向的目的。
(5)差速器:将动力传给半轴,并允许左右半轴以不同的转速旋转。
(6)半轴:将差速器的动力传给驱动车轮。

以一辆 Mazda 3 轿车为样本,观察其底盘传动系各零部件的具体外形及其安装位置。

2. 行驶系

汽车行驶系一般由车架、悬架、车桥和车轮等组成,如图 1-4 所示。车轮通过轴承安装在车桥两边,车桥通过悬架与车架(或车身)连接,车架(或车身)是整车的装配基体。

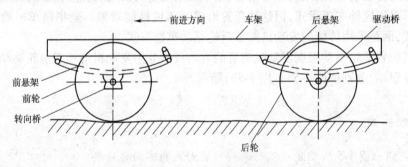

图 1-4 汽车行驶系的组成

汽车行驶系主要具有以下功用:
(1)支承汽车的重量并承受、传递路面作用在车轮上的各种力;
(2)接受传动系传来的转矩并将其转化为汽车行驶的牵引力;
(3)缓和冲击,减少振动,保证汽车平顺行驶。

3. 转向系

转向系的功用是保证汽车能够按照驾驶员选定的方向行驶。转向系主要由转向操纵机构、转向器、转向传动机构等组成。现在的汽车普遍采用动力转向装置。

4. 制动系

制动系的功用是使汽车减速、停车并能保证可靠地驻停。汽车制动系一般包括行车制动系和驻车制动系两套相互独立的制动系统,每套制动系统都包括制动器和制动传动机构。汽车的行车制动系一般都装配有制动防抱死系统(ABS)。

转向系和制动系都是由驾驶员来操控的,一般可以合称为控制系。

现代汽车中电子控制技术的应用越来越广泛,如在底盘中普遍采用了电子控制自动变速器(EAT 或 ECT)、电子控制防滑差速器(EDL)、电子控制制动防抱死系统(ABS)、电子制动力分配系统(EBD)、电子控制悬架系统(EMS)和电子控制转向系统(EPS)等。

(二)汽车底盘的总体布置

汽车底盘的总体布置与发动机的位置及汽车的驱动方式有关,一般有发动机前置后轮驱动、发动机前置前轮驱动、发动机后置后轮驱动、发动机前置全轮驱动四种布置形式。

1. 发动机前置后轮驱动

发动机前置后轮驱动简称前置后驱动,英文简称FR。如图1-3所示,发动机布置在汽车前部,动力经过离合器、变速器、万向传动装置、后驱动桥,最后传递到后驱动车轮,使汽车行驶。

这是一种传统的布置形式,应用广泛,适用于除越野汽车外的各类型汽车。大多数的载货汽车、部分轿车和部分客车都采用这种形式。

2. 发动机前置前轮驱动

发动机前置前轮驱动简称前置前驱动,英文简称FF。发动机布置在汽车前部,动力经过离合器、变速器、前驱动桥,最后传递到前驱动车轮。这种布置形式在变速器与驱动桥之间省去了万向传动装置,使结构简单紧凑,整车质量变小,且车辆高速行驶时操纵稳定性好。大多数轿车采用这种布置形式,但这种布置形式的爬坡性能较差。豪华轿车一般不采用这种布置形式,而是采用传统的发动机前置后轮驱动布置形式。

发动机前置前轮驱动根据发动机布置的方向可以分为发动机前横置前轮驱动和发动机前纵置前轮驱动,分别如图1-5a)、图1-5b)所示。

想一想

你能指出图1-5所示发动机的两种布置形式的不同之处吗?

3. 发动机后置后轮驱动

发动机后置后轮驱动简称后置后驱动,英文简称RR。如图1-6所示,发动机布置在汽车后部,动力经过离合器、变速器、角传动装置、万向传动装置、后驱动桥,最后传递到后驱动车轮,使汽车行驶。这种布置形式便于车身内部的布置,有效减小了室内发动机的噪声,一般用于大型客车。

4. 发动机前置全轮驱动

发动机前置全轮驱动简称全轮驱动,英文简称AWD。如图1-7所示,发动机布置在汽车前部,动力经过离合器、变速器、分动器、万向传动装置分别到达前后驱动桥,最后传递到前后驱动车轮,使汽车行驶。由于所有的车轮都是驱动车轮,有效提高了汽车的越野通过性能,所以这是越野汽车通常采取的布置形式。

(三)汽车行驶的基本原理

想一想

汽车底盘接受发动机的动力并使汽车行驶,其行驶原理是什么呢?

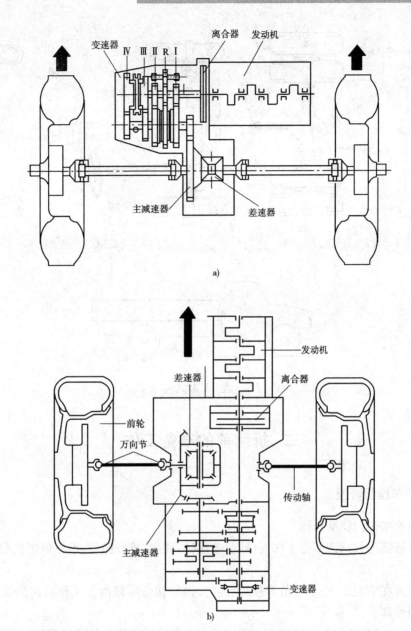

图1-5 发动机前置前轮驱动示意图
a)发动机前横置前轮驱动示意图;b)发动机前纵置前轮驱动示意图

欲使汽车行驶,必须对汽车施加一个驱动力以克服各种阻力,驱动力产生的原理如图1-8所示。发动机经由传动系在驱动车轮上施加了一个驱动力矩 T_t,力图使驱动车轮旋转。在 T_t 的作用下,驱动车轮将对地面施加一个与汽车行驶方向相反的圆周力 F_0。根据作用与反作用原理,地面也将对驱动车轮施加一个与 F_0 大小相等、方向相反的反作用力 F_t,F_t 就是使汽车行驶的驱动力,或称牵引力。当驱动力克服各种阻力(滚动阻力、空气阻力和上坡阻力)后,汽车便能正常地行驶了。

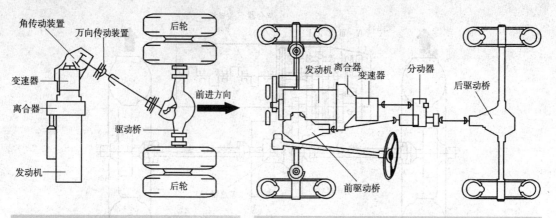

图1-6 发动机后置后轮驱动示意图　　图1-7 发动机前置全轮驱动示意图

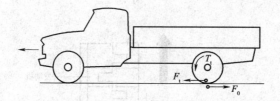

图1-8 汽车行驶的基本原理示意图

二、拆装前的准备工作

（一）汽车维修流程

1. 汽车维修部门团队合作

汽车维修部门包括四部分工作人员：业务接待、调度/维修经理、维修班组长/维修技师、维修工。

业务接待在前台工作，主要负责预约、接待，做好初步维修准备工作后将后续工作转交调度或维修经理。

调度/维修经理负责根据维修工作的技术水平等给维修班组长或维修技师下派任务，并监督每项工作的进程。

维修班组长/维修技师负责组织维修工进行修理并检查每项工作的质量。

维修工负责具体维修工作，并在维修班组长或维修技师的指导下进行。

这四部分人员必须理解各自的工作角色和职责，并相互协作、及时沟通，形成一个工作团队，从而为客户提供最优质的服务，使客户满意。

2. 汽车维修基本流程

汽车维修基本流程如图1-9所示。

（1）预约。预约工作由业务接待完成，主要包括以下内容：

学习任务一　汽车底盘总体构造的认识及拆装前的准备

①询问用户及车辆基础信息(核对老用户数据、登记新用户数据);

②询问车辆行驶里程;

③询问上次维修时间及是否属于重复维修;

④确认用户的需求、车辆故障问题;

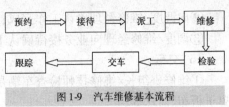

图1-9　汽车维修基本流程

⑤确定服务顾问的姓名;

⑥确定接车时间;

⑦暂定交车时间;

⑧提供价格信息;

⑨告知用户相关的资料(随车文件、防盗器密码、防盗螺栓钥匙、维修记录等);

⑩通知有关人员(车间、备件、接待、资料、工具)做准备;

⑪提前一天检查各方能力的准备情况(技师、备件、专用工具、技术资料);

⑫根据维修项目的难易程度合理安排人员;

⑬制订好技术方案(对于重复维修、疑难问题);

⑭如果是外出服务预约,还要做相应的其他准备。

(2)接待。接待工作由业务接待和调度/维修经理共同完成。

业务接待主要负责以下工作:

①出迎问候用户、引导用户停车;

②引导用户前往接待前台;

③记录用户陈述;

④明确用户需要,定期保养(PM)、一般修理(CR)、钣金/喷漆(B/P)及其他;

⑤确认来意,记录用户要求;

⑥陪同用户前往停车场,当着用户的面安装座椅套、转向盘套、地板纸;

⑦检查车辆外观(损伤痕迹、凸陷等)一定要在用户陪同下进行,并加以确认;

⑧检查车内有无贵重物品,如有贵重物品应交由用户保管。

调度/维修经理主要负责以下工作:

①问诊,询问故障现象,故障再现确认,推测故障原因;

②对维修费用进行估算;

③明确预计完成时间。

(3)派工。依照对用户承诺的时间,安排与分配维修工作,正确的分配工作包括记录与跟踪每一个维修工单。分配维修工单时,要考虑三个主要因素:时间、人员和设备。

(4)维修。

①维修班组长/维修技师接收、检查修理单,接收用于维修的零件;

②挑选合适的修理工,向其发出工作指令,并将维修工单交给修理工;

③在预计的时间内完成工作,并向调度/维修经理确认工作完成;

④如果有技术难题应及时向调度/维修经理寻求技术支持。

(5)检验。

①维修班组长/维修技师进行最后的验车,确认完成维修任务;

②向调度/维修经理确认工作完成；

③调度/维修经理向业务接待确认工作完成。

(6)交车。

①维修班组长/维修技师检查车辆是否清洁,检查是否取下座椅套、地板纸、转向盘套、翼子板布、前罩等；

②业务接待电话通知用户,确认车辆准备交付；

③带领用户完成车辆维修的结算,并为所有费用开出发票,提供详细的发票说明；

④最后将车辆交付用户。

(7)跟踪。

①三日内与用户联系,确认修后车况是否良好；

②记录电话内容,如果需要,报告调度/维修经理,并安排回厂事宜。

(二)汽车维修人员的工作原则

汽车维修人员工作的核心目标和原则是给客户提供最佳的售后服务。最佳的售后服务是高效、可靠、专业的服务,必须坚持以下工作原则。

1. 安全生产

在汽车维修过程中,要特别重视安全问题,不仅包括个人的安全,还包括他人的安全、设备的安全、车辆的安全等。

(1)人身安全。

①眼睛的防护。在汽车维修作业中,眼睛经常会受到各种伤害,如飞来的物体、腐蚀性的化学飞溅、有毒的气体或烟雾等,这些伤害基本都是可以防护的。

常见的保护眼睛的装备有护目镜(图1-10)和安全面具(图1-11)。护目镜可以防护各种外界对眼睛的伤害,如飞来物体或飞溅的液体。在下列情况下,应考虑佩戴护目镜:进行金属切削加工、用錾子或冲子铲剔、使用压缩空气、使用清洗剂等。安全面具不仅能够保护眼睛,还能保护整个面部。如果进行电弧焊或气焊,要使用带有色镜片的护目镜或深色镜片的特殊面罩,以防止有害光线或过强的光线伤害眼睛。

图1-10 护目镜

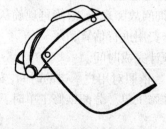

图1-11 安全面具

小提示

在摘下护目镜时,要闭上眼睛,防止黏在护目镜外的金属颗粒掉进眼睛里。

学习任务一　汽车底盘总体构造的认识及拆装前的准备

②听觉的保护。汽车修理厂是个噪声很大的场所,各种设备如冲击扳手、空气压缩机、砂轮机、发动机等噪声很大。短时的高噪声会造成暂时性听力丧失,但持续的较低噪声污染则危害更大。

常见的听力保护装备有耳罩和耳塞,噪声极高时可同时佩戴。一般在钣金车间必须佩戴耳罩或耳塞。

③手的保护。手是身体经常受伤的部位之一,保护手要从两方面着手:一是不要把手伸到危险区域,如发动机前部转动的皮带区域、发动机排气管道附近等;二是必要时戴上防护手套。不同的场合需要戴不同的防护手套,如做金属加工需要戴劳保安全手套,接触化学品需使用橡胶手套。是否需要佩戴手套取决于工作的类型,工作在有旋转机械的地方就不应戴手套,如使用砂轮机、台钻等设备时不能佩戴手套,以免手套卷入旋转机械导致手部的伤害。

④衣服、头发及饰物。宽松的衣服、长袖子、领带等都容易卷进旋转的机器中,所以,在修理厂中,一定要穿合体的工作服,最好是连体工作服,外套、工装裤也可以,这些比平时的衣着安全得多。如果戴领带要将其塞到衬衫里。

衣兜里不要装工具、零部件等,特别是带尖儿的物品,否则容易伤到自身或车辆。

工作时不要戴手表或其他饰物,特别是金属饰物,因为这些物品在进行电气维修时可能导入电流而烧伤皮肤,或导致电路短路而损坏电子元件或设备。

在工厂内要穿劳保鞋,这样可以保护脚面不被落下的重物砸伤,且劳保鞋的鞋底是防油、防滑的。

长发很容易被卷入运转的机器中,所以长发一定要扎起来,并戴上帽子。

常见的个人安全防护用品如图1-12所示。

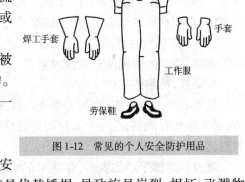

图1-12　常见的个人安全防护用品

(2)工具和设备的安全。手动工具看起来是安全的,但使用不当也会导致事故发生,如用一字旋具代替撬棍,导致旋具崩裂、损坏,飞溅物打伤自己或他人,扳手从油腻的手中滑落,掉到旋转的机器上,再飞出来伤人等。

另外,使用带锐边的工具时,锐边不要对着自己和同事。传递工具时,要将手柄朝向对方。

所有的电气设备都要使用三相插座,地线要安全接地,电缆或装配松动的情况应及时进行维护;所有旋转的设备都应有安全罩,以减少发生部件飞出伤人的事故。

在进行电子系统维修时,应断开电路的电源,方法是断开蓄电池的负极搭铁线。这不仅保证了人身安全,还能防止对电器的损坏。

许多维修工序需要将车升离地面,在升起车辆前,应确保汽车已被正确支撑,并应使用安全锁,以免汽车落下。用千斤顶支起汽车时,应当确保千斤顶支撑在汽车底盘大梁部分或较结实的部分。

 小提示

举升汽车时,要先看维修手册,找到正确的支撑点。错误的支撑点不仅危险,而且会破坏汽车的结构。

工具和设备都要定期检查和维护。

使用压缩空气时,应非常小心。不要将压缩空气对着自己或别人,不要对着地面或设备、车辆乱吹。压缩空气会撕裂鼓膜,造成失聪,损伤肺部或伤及皮肤,被压缩空气吹起的尘土或金属颗粒会造成皮肤、眼睛损伤。

(3)车辆安全。客户的车辆一定不能非生产性的私自使用,否则,有可能给个人和企业带来不良的影响。另外,不能乱动客户车内的物品,如因维修需要而对车辆的某些设置进行了改变,要在交车前恢复原有设置,如座椅的位置、转向盘的位置、收音机的设置等。

2. 整洁、有序的工作

整洁、有序体现在三个方面:一是员工穿戴整洁;二是对车辆爱护,保持车辆的整洁;三是工作场所的整洁有序。

(1)穿戴整洁。员工要穿戴干净的工作服、干净的帽子、干净的劳保鞋;头发利落整洁;另外,不能戴手表、戒指等,应戴无扣腰带,口袋内要有干净的抹布。

(2)爱护车辆。维修工作前,要将防护五件套(座椅套、转向盘套、地板纸、翼子板布和前罩)装好,要小心驾驶客户的车辆。在客户车内不能吸烟,不要使用客户的音响设备或车内电话,不要在车内放置工具、零件等非客户用品。

(3)工作场所的整洁有序。在工作时,要保持工作场所的地面、工作台、工具箱、仪器设备等的整洁有序,不用的东西及时拿走。

3. 高效、可靠的工作

做好必要的准备工作,如要事先确认库存有所需的零部件,根据维修单去工作,避免出错,对工作作好规划,在一个工位要完成尽量多的工作等。工作场所的整洁有序是高效工作的前提。

要遵循维修手册的要求,并使用正确的工具、设备和仪器才能保证可靠的工作。

4. 按时完成工作

一定要按时完成维修工作,如果提前完成,要再检查一次是否完成所有的工作,并告知调度/维修经理;如果不能按时完成,也要告知调度/维修经理。如果发现车辆还存在不包括在维修单内的维修工作,也要向调度/维修经理请示,并由业务接待及时与客户沟通。

5. 后续工作

维修工作完成后,一定要重视后续工作,如:确保车辆要与刚接车时一样清洁;将座椅、转向盘和后视镜恢复到接车时的位置;将更换的零件按客户的要求放到指定的位置;完成维修单的填写工作等。

(三)日常安全守则

(1)工具不使用时应保持干净并放到正确的位置。

(2)各种设备和工具要及时检查和维护。

(3)手上应避免有油污,以免工具滑脱。

(4)起动发动机的车辆应保证驻车制动正常。

(5)不要在车间内乱转。

(6)在车间内起动发动机要保持通风良好。

(7)在车间内穿戴、着装要合适,并佩戴必要的装备,如手套、护目镜、耳塞等。

(8)不要将压缩空气对着人或设备吹。

(9)尖锐的工具不要放到口袋里,以免扎伤自己或划伤车辆。

(10)常用通道上不要放工具、设备、车辆等。

(11)用正确的方法使用正确的工具。

(12)手、衣服、工具应远离旋转设备或部件。

(13)开车进出车间时要格外小心。

(14)在极疲劳或消沉时不要工作,这种情况会降低注意力,有可能导致自身或他人的伤害。

(15)如果不知道车间设备如何使用,应先向他人请教,以得到正确、安全的使用方法。

(16)用举升器或千斤顶升起车辆时,一定要按正确的规程操作。

(17)应准确知道车间灭火器、医疗急救包、洗眼处的位置。

(四)桑塔纳2000型轿车底盘结构观察

1. 实践准备条件

剪式举升器1台、桑塔纳2000型轿车1辆、车轮挡块、举升垫块各4块、手电筒1只、防护五件套若干。

2. 操作步骤

(1)将桑塔纳2000型轿车驶入剪式举升器,并垫好车轮挡块。

(2)打开左前门和发动机罩,观察转向系各零部件。

(3)关闭车门和发动机罩,垫好举升垫块,将汽车举升到高位,从前到后依次观察转向系、传动系、行驶系和制动系各零部件,并记录它们的外部形状、安装位置以及相互连接关系。

(4)降下举升器,垫好车轮挡块,取出举升垫块。

三、学 习 拓 展

(1)查阅北京切诺基汽车维修资料,观察其底盘结构。试回答北京切诺基汽车底盘与桑塔纳2000型轿车底盘的主要区别在哪里?

(2)查阅奔驰S600型轿车维修资料,观察其底盘结构。奔驰S600型轿车底盘与桑塔纳2000型轿车底盘相比,两者结构有何相同之处?

四、评价与反馈

1. 自我评价与反馈

(1)你对本学习任务的学习是否满意？

评价情况：_____

(2)你是否知道桑塔纳2000型轿车底盘系统的基本组成？

评价情况：_____

(3)你会正确使用汽车维修过程中涉及的工具和设备吗？

评价情况：_____

签名：_____ _____年_____月_____日

2. 小组评价与反馈

(1)你们小组是否讨论过汽车维修的基本流程？

评价情况：_____

(2)你们小组在工具、设备的使用上是否有明确的分工？相互配合得好吗？

评价情况：_____

(3)你们小组在工具、设备使用的过程中操作是否规范？

评价情况：_____

参与评价的同学签名：_____ _____年_____月_____日

3. 教师评价及答复

_____

_____

_____

教师签名：_____ _____年_____月_____日

五、技能考核标准

序号	项目	作业内容	规定分	评分标准	得分
1	准备工作	工具、用具准备	10分	每漏一项扣1分	
2	底盘观察	转向系部分零部件观察	20分	1.发动机舱盖打开、关闭方法错误扣10分； 2.未正确使用防护五件套扣10分； 3.车轮挡块安装错误扣10分； 4.未找出转向系零部件每件扣5分	
		底盘其他零部件观察	35分	1.举升垫块安装错误扣10分； 2.举升器操作不熟练扣10分； 3.未找出底盘零部件每件扣5分	

续上表

序号	项目	作业内容	规定分	评分标准	得分
3	回答问题	汽车底盘结构组成相关问题	10分	根据答错情况酌情扣分	
4	操作时间	时间控制在20min内	10分	1. 每超时1min扣2分； 2. 超出规定时间10min按不及格处理	
5	结束工作	考试现场恢复至考前状态	5分	1. 结束工作较差扣2分； 2. 结束工作差扣5分	
6	安全操作文明生产	1. 正确选择和使用工具； 2. 遵循安全操作规程； 3. 保持操作现场整洁； 4. 安全文明操作,无人身、设备、工具的事故	10分	1. 违反安全操作规程按不及格处理； 2. 工具选用不当每次扣2分； 3. 工具使用不当每次扣2分； 4. 零件工具落地每次扣2分； 5. 人为导致机件损坏扣5分,损坏两处以上按不及格处理； 6. 因操作不当发生重大事故的按0分处理	
	总分		100分		

学习任务二　离合器的构造与拆装

任务要求
完成本学习任务后,你应该能:
1. 叙述离合器的作用、分类、组成和简单工作原理;
2. 叙述离合器各主要零部件在汽车上的安装位置;
3. 掌握摩擦式离合器各主要零部件的识别及作用;
4. 按照技术规范正确拆装摩擦式离合器;
5. 对摩擦式离合器的安装质量进行自检。
建议学时:10 学时

任务描述

一辆桑塔纳 2000GSi 轿车,行驶了 4 万 km,最近该车变速器换挡时会偶尔出现打齿的声音,经检查,发现其离合器出现分离不彻底故障,需对离合器进行检查。

一、理论知识准备

离合器位于发动机和变速器之间的飞轮壳内,用螺钉将离合器总成固定在飞轮的后平面上,离合器的输出轴就是变速器的输入轴。在汽车行驶过程中,驾驶员可根据需要踩下或松开离合器踏板,使发动机与变速器暂时分离和逐渐接合,以切断或传递发动机向变速器输入的动力。

(一)离合器的作用

离合器的作用有以下几个方面:使发动机与变速器之间能逐渐接合,从而保证汽车平稳起步;暂时切断发动机与变速器之间的联系,以便于换挡和减少换挡时的冲击;当汽车紧急制动时,能起到分离作用,防止变速器等传动系统过载,对车辆起到一定的保护作用。离合器类似开关,起到接合或切断动力传递的作用,因此,任何形式的汽车都有离合装置,只是形式不同而已。自动变速器的液力变矩器已经具有离合作用,而手动变速器的离合器主要是采用摩擦形式,并独立成为一种装置,拥有自己的控制系统。因此,普通手动变速器汽车都有离合器踏板装置,安装在驾驶员座椅地面前左端。

（二）离合器的工作原理

离合器的主动部分和从动部分借助接触面间的摩擦作用，或是用液体作为传动介质（液力耦合器），或是用磁力传动（电磁离合器）来传递转矩，使两者之间可以暂时分离，又可逐渐接合，在传动过程中又允许两部分相互转动。

目前，在汽车上广泛采用的是用弹簧压紧的摩擦离合器。

发动机输出的转矩，通过飞轮及压盘与从动盘接触面的摩擦作用，传递给从动盘。当驾驶员踩下离合器踏板时，通过机件的传递，使膜片弹簧大端带动压盘后移，此时，从动部分与主动部分分离。

摩擦离合器应能满足以下基本要求：

（1）保证能传递发动机的最大转矩，并且还有一定的传递转矩余力。

（2）能做到分离时彻底，接合时柔和，并具有良好的散热能力。

（3）从动部分的转动惯量尽量小一些，这样，在分离离合器换挡时，与变速器输入轴相连部分的转速就比较容易变化，从而减轻齿轮间的冲击。

（4）具有缓和转动方向冲击和衰减该方向振动的能力，且噪声小。

（5）压盘压力和摩擦片的摩擦系数变化小，工作稳定。

（6）操纵省力，维修方便。

（三）离合器的自由间隙及自由行程

从离合器的工作原理可知，为了保证离合器在传递转矩时处于完全接合状态，不会出现打滑现象，离合器在接合状态时，在分离杠杆内端与分离轴承之间必须预留一定量的间隙，此间隙即为离合器的自由间隙。踩下离合器踏板时，首先必须消除这一间隙，然后才能开始分离离合器。为了消除这一间隙，所需的离合器踏板行程即为离合器的自由行程。从动盘摩擦片经使用磨损后，离合器的自由间隙及自由行程会变小，应及时调整。

（四）离合器的分类

目前，离合器种类繁多，根据工作性质分类，汽车离合器可分为摩擦式离合器、液力耦合器、电磁离合器等几种。摩擦式离合器又分为湿式和干式两种。

1. 液力耦合器

液力耦合器依靠工作液（油液）传递转矩（图2-1），外壳与泵轮连为一体，是主动件；涡轮与泵轮相对，是从动件。当泵轮转速较低时，涡轮不能被带动，主动件与从动件之间处于分离状态；随着泵轮转速的提高，涡轮被带动，主动件与从动件之间处于接合状态。

2. 电磁离合器

电磁离合器依靠线圈的通电和断电来控

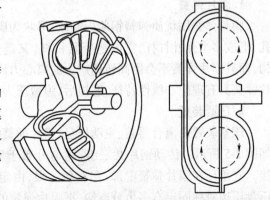

图2-1　液力耦合器工作原理图

制离合器的接合与分离。如在主动件与从动件之间放置磁粉,则可以加强两者之间的接合力,这样的离合器称为磁粉式电磁离合器(图2-2)。

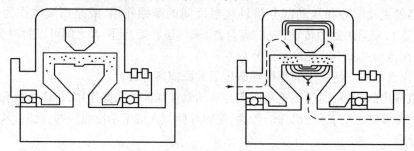

图2-2 电磁离合器工作原理图

3. 干式摩擦式离合器

干式摩擦式离合器将发动机的转矩,通过飞轮及压盘与从动盘接触面的摩擦作用,传给从动盘。当驾驶员踩下离合器踏板时,通过机件的传递,使膜片弹簧大端带动压盘后移,此时,从动部分与主动部分分离。目前,与手动变速器相配合的绝大多数离合器为干式摩擦式离合器,按其从动盘的数目,又可分为单盘式、双盘式和多盘式。

4. 湿式摩擦式离合器

湿式摩擦式离合器一般为多盘式的,浸在油中以便于散热。采用若干个螺旋弹簧作为压紧弹簧,且这些弹簧沿压盘圆周分布的离合器称为周布弹簧离合器。采用膜片弹簧作为压紧弹簧的离合器称为膜片弹簧离合器。

(五)摩擦式离合器的组成

摩擦式离合器的种类虽多,但是其组成和工作原理基本相同,均由主动部分、从动部分、压紧装置、分离机构和操作机构五部分组成。下面以桑塔纳2000GLi型轿车为例进行介绍。

桑塔纳2000GLi型轿车采用单片干式膜片弹簧离合器。如图2-3和图2-4所示,离合器主要由离合器盖、压盘、从动盘、膜片弹簧、分离轴承、分离套筒、分离叉轴、离合器拉索等零件组成。

1. 膜片弹簧

膜片弹簧用优质弹簧钢薄板制成,形状为碟形,开有径向切槽,切槽内端开通,外端为圆孔,形成多个弹性杠杆,它既是压紧杠杆,又是分离杠杆(图2-5中8),简化了离合器的结构,而且膜片弹簧不会因高转速产生的离心力而发生弯曲变形并导致压紧力下降。此外,膜片弹簧具有理想非线性特征,磨损后,弹簧压力几乎保持不变。

2. 压紧装置

压紧装置由离合器盖、主动压盘、膜片弹簧、支撑定位铆钉、分离钩及传动钢片等组成,如图2-5所示。传动钢片共三组,均匀分布于压盘周围,其两端分别与离合器盖和压盘连接。支承环在膜片弹簧中部,左右各一根,由定位铆钉固定,作为膜片弹簧变形时的支点。压盘周边对称固定有多个分离钩,把膜片弹簧的外边缘和压盘钩在一起,膜片弹簧外边缘就压在压盘的环形台上。

学习任务二　离合器的构造与拆装

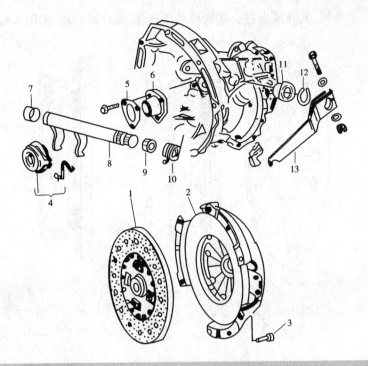

图2-3　离合器结构图(一)

1-离合器从动盘;2-膜片弹簧与压盘;3-螺栓;4-分离轴承;5-衬垫;6-分离套筒;7-衬套;8-分离轴;9-卡簧;10-弹簧;11-橡胶防尘套;12-卡簧;13-传动杆

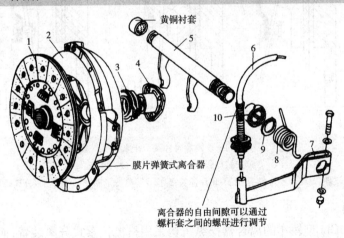

图2-4　离合器结构图(二)

1-离合器从动盘;2-膜片弹簧与压盘;3-分离轴承;4-分离套筒;5-分离轴;6-拉索;7-传动杆;8-弹簧;9-卡簧;10-轴承套及密封件

　　离合器盖未固定到飞轮上时,膜片弹簧不受力,处于自由状态,此时,离合器盖与飞轮安装面有一距离 l,如图2-6a)所示。当离合器盖固定到飞轮上时,由于离合器盖靠向飞轮,右侧支承环压膜片弹簧,使之发生弹性变形,这样膜片弹簧对压盘和从动盘产生压紧力,离合器处于接合状态,如图2-6b)所示。当分离离合器时,分离轴承左移,膜片弹簧以左侧支承

17

环为支点,进一步变形,其外缘通过分离钩拉动压盘,使离合器分离,如图2-6c)所示。

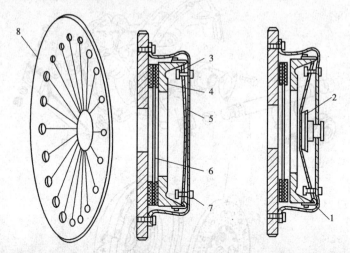

图2-5　膜片弹簧结构图
1-分离钩(复位弹簧片);2-分离轴承;3-支撑环;4-主动(压)盘;5-膜片弹簧;6-从动盘;7-支撑环定位螺钉(铆钉);8-膜片弹簧立体图形

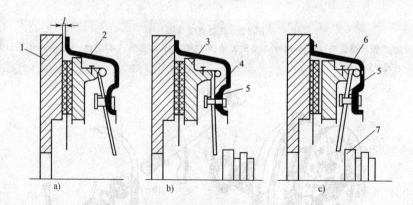

图2-6　膜片弹簧离合器工作原理示意图
a)安装位置;b)接合状态;c)分离状态
1-飞轮;2-离合器盖;3-压盘;4-膜片弹簧;5-膜片弹簧支承圈;6-分离钩;7-分离轴承

3. 操纵机构

桑塔纳2000GLi型轿车的离合器操纵机构采用机械拉索式分离装置,而桑塔纳2000GSi型轿车则采用液压式操纵机构。

机械拉索式分离装置主要由分离轴承、分离轴、分离轴传动杆、拉索踏板等零部件组成,如图2-7所示。踩下离合器踏板时,踏板上端拉动离合器拉索,使分离轴承传动杆顺时针转动,同时带动分离轴顺时针转动,使分离拨叉推动分离轴承,压迫膜片弹簧,离合器分离。

液压式操纵机构主要由主缸、工作缸及管路等组成,如图2-8所示。离合器液压式操纵机构具有阻力小、质量小、接合柔和等优点,且无需调整踏板自由行程。

学习任务二　离合器的构造与拆装

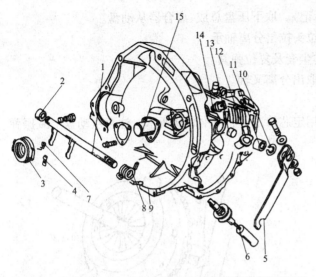

图 2-7　离合器分离装置结构图
1-分离轴；2-轴承衬套；3-分离轴承；4-夹子；5-分离轴传动杆；6-离合器拉索；7-支承弹簧；8-复位弹簧；9-变速器罩壳；10-圈；11-橡皮防尘套；12-轴承衬套；13-轴承；14-上止点信号发生器测试孔塞子；15-导向套筒

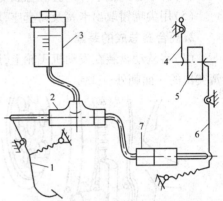

图 2-8　离合器液压式操纵机构示意图
1-踏板；2-主缸；3-储液室；4-分离杠杆；5-分离轴承；6-分离叉；7-工作缸

二、实 践 操 作

（一）实践准备条件

桑塔纳2000GSi轿车底盘或者桑塔纳2000GSi轿车离合器拆装台架数台，离合器拆装作业台、压力机各1台，常用工具、量具各1套，桑塔纳专用工具1套，相关挂图或图册若干，维修手册和工单等。

桑塔纳2000GSi轿车离合器结构如图2-3所示。

（二）注意事项

（1）分离叉两端衬套必须同心。

（2）安装离合器压盘总成时，需用导向定位器或变速器输入轴确定中心位置，使从动盘与压盘同心，便于安装输入轴。

（3）离合器从动盘有减振弹簧保持架的一面应朝向压盘。

（三）操作步骤

1. 离合器总成的拆卸

（1）拆卸离合器时，首先要拆下变速器。

（2）用大众专用工具(10-201)将飞轮固定，如图2-9所示，然后将离合器的固定螺栓对角拧松(注意观察压盘和飞轮的装配标记)。取下压盘总成、离合器从动盘。

(3)使用 $A = 18.5 \sim 23.5$ mm 的内拉头拉出分离轴承。

(4)拆下分离轴承导向套和橡胶防尘套及复位弹簧。

(5)用尖嘴钳取出卡簧及衬套座,取出分离叉轴。

2. 离合器总成的装配

(1)将从动盘装在发动机飞轮上,用定芯棒定位,如图2-10所示。注意从动盘上减振弹簧突出的一面朝外。

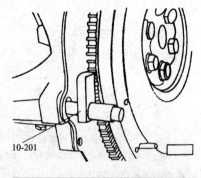

图2-9 用专用工具固定飞轮

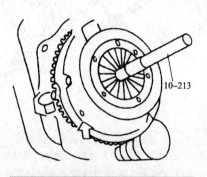

图2-10 离合器的安装

(2)装上压板组件,用扭力扳手间隔拧紧螺栓,力矩为25N·m。

(3)用专用工具将分离叉轴套压入变速器壳上。

(4)将分离叉轴的左端装上复位弹簧,先穿入变速器壳左边的孔中,再将分离叉轴的右端装入右边的衬套孔中,然后再装入左边的分离叉轴衬套和分离叉轴衬套座,将衬垫及导向套涂上密封胶,装到变速器壳前面,旋紧螺栓,力矩为15N·m。

(5)在变速器的后面旋紧螺栓,力矩为15N·m,将分离叉轴锁住;检查分离叉轴应能灵活转动,但不能左右移动。

(6)用专用工具将分离轴承压入分离轴承座内。

3. 离合器的调整

(1)离合器踏板自由行程的标准:15~25mm,调整方法为螺母调整,改变拉索长度。

(2)离合器踏板总行程的标准:(150±5)mm,调整方法为驱动臂的调整。

4. 离合器各个部件的拆装

(1)离合器踏板的拆装更换。

①拉开并拆下离合器拉索。

②拆下离合器踏板固定在踏板轴上的保险装置。

③取下离合器踏板。

④装上新的离合器踏板。

(2)离合器踏板衬套的拆装更换。

①拆下离合器踏板。

②用专用工具压出踏板塑料衬套,如图2-11所示。

③拆下踏板橡胶衬套,如图2-12所示。

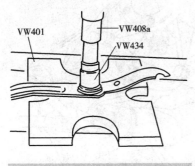 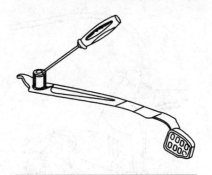

图2-11　压出离合器踏板塑料衬套　　　　图2-12　拆下离合器踏板橡胶衬套

④装上橡胶衬套,涂上无酸润滑脂。
⑤使塑料衬套与导管长的一端齐平,如图2-13所示。
(3)离合器踏板助力弹簧的拆装更换。
①拆下圈,拆下连接销,取下助力弹簧,如图2-14所示。

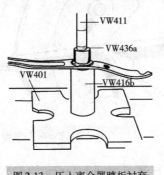 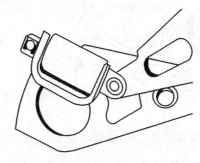

图2-13　压入离合器踏板衬套　　　　图2-14　离合器踏板助力弹簧的更换

②装上新的助力弹簧。
(4)拉索的拆装更换。
①旋松调整踏板自由行程的防松螺母,并放松拉索,如图2-15所示。
②取下拉索。
③装上新的拉索,用润滑脂润滑用于连接的两端。
(5)分离叉轴的拆装更换。
①拆卸变速器。
②拆下离合器分离叉轴传动杆,拆下分离轴承;拆下圈,如图2-16所示。
③取下橡胶防尘套,拆下分离套筒,拆下分离叉轴的定位螺栓,拆下分离叉轴左衬套,取下分离叉轴。
④使用 $A=18.5\sim23.5$ mm 的内拉头,例如拉出器 Kukko 21/3,拆下分离叉轴右衬套,如图2-17所示。
⑤装上新的离合器分离叉轴右衬套。
⑥装上分离叉轴,用适量的润滑脂润滑衬套及分离叉轴的支撑位置,并安装。
⑦用 15N·m 的力矩旋紧分离叉轴的定位螺栓(图2-18所示箭头位置)。

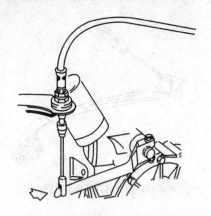
图2-15 离合器拉索的更换

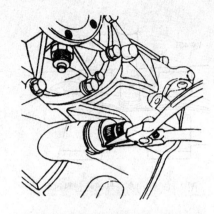
图2-16 拆下分离叉轴的圈

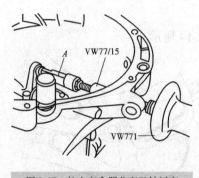
图2-17 拉出离合器分离叉轴衬套

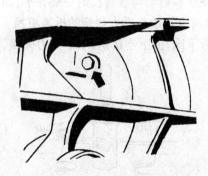
图2-18 拧紧分离叉轴的定位螺栓

⑧装上分离套筒。将防尘套推入分离叉轴,圈压至尺寸 $A=18\text{mm}$ 的位置,如图2-19所示。

⑨装上分离轴承,并使分离叉轴传动杆的安装位置达到 $a=(20\pm5)\text{mm}$,如图2-20所示。

图2-19 分离轴承圈的安装位置

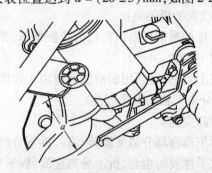
图2-20 离合器分离叉轴传动臂的安装

(6)分离轴承的拆装更换。
①拆卸变速器。
②拆下分离轴承,如图2-21所示。
③用润滑脂润滑接触点,装上新的轴承。

④装上复位弹簧,如图2-22所示。

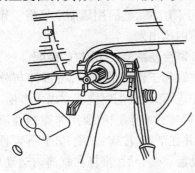

图2-21 拆下离合器分离轴承

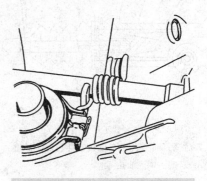

图2-22 复位弹簧的安装位置

(7)分离套筒的拆装更换。
①拆卸变速器。
②拆下分离轴承,再拆下分离套筒。
③安装时,排油孔应朝下,如图2-23所示。

5. 离合器主缸的拆卸与分解

离合器主缸的拆卸与分解如图2-24所示。

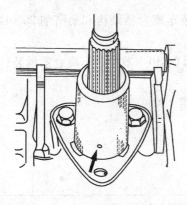

图2-23 分离套筒的更换

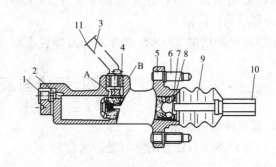

图2-24 离合器主缸结构
1-保护塞;2-壳体;3-管接头;4-皮碗;5-阀;6-固定螺栓;7-卡簧;8-圈;9-护套;10-推杆;11-保护套;A-补偿孔;B-进油孔

(1)取下离合器踏板与主缸推杆叉的连接销轴。
(2)从主缸上拧下进油管和出油管接头。
(3)拧下主缸固定螺栓,拉出主缸。
在解体离合器主缸前,应排净主缸中的制动液。主缸的分解过程是:取下防尘罩,用螺丝刀或卡环钳拆下卡环,拉出主缸推杆、压盖和活塞。

6. 离合器工作缸的拆卸与分解

离合器工作缸的结构如图2-25所示。
(1)拧下工作缸进油管接头,再拆下工作缸固定螺栓,即可拉出工作缸。

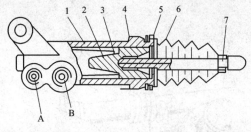

图 2-25 离合器工作缸结构
1-壳体；2-活塞；3-管接头；4-皮碗；5-圈；6-保护套；
7-推杆；A-放气孔；B-进油孔

(2) 工作缸的分解过程是：拉出工作缸推杆，拆下防尘罩，然后用压缩空气将工作缸活塞从缸筒内压出来。

7. 离合器主缸、工作缸的装配

主缸和工作缸的装配，按拆卸与分解的相反顺序进行，但装配时应注意以下事项。

(1) 零件在装配前要用非腐蚀性液体清洗干净，并在活塞、皮碗、皮圈、缸套等零件上涂一层制动液。装合后，推杆在缸筒内运动应灵活。在放松（不工作）位置时，主缸皮碗和活塞头部应位于进油孔和补偿孔之间，且两孔都开放。工作缸上带有塑料支承环，安装时，外表面要涂上一层薄薄的润滑油，工作缸推杆末端也要涂上润滑脂润滑。

(2) 安装离合器工作缸时，需要用一个合适的杠杆克服弹簧的弹力，将其压向变速器壳相应的孔中后，方能将固定螺栓旋入。

三、学习拓展

(1) 查阅丰田卡罗拉轿车维修手册，比较卡罗拉轿车离合器结构和桑塔纳 2000GSi 轿车离合器结构的区别。

(2) 根据桑塔纳 2000GSi 轿车离合器拆装步骤，制订丰田卡罗拉轿车离合器拆装计划。

四、评价与反馈

1. 自我评价与反馈

(1) 你对本学习任务的学习是否满意？
评价情况：＿＿＿＿＿＿＿＿＿＿＿＿＿＿＿＿＿＿＿＿＿＿＿＿＿＿＿＿＿＿＿＿＿＿

(2) 你能独立完成桑塔纳 2000GSi 轿车离合器的拆卸与装配吗？
评价情况：＿＿＿＿＿＿＿＿＿＿＿＿＿＿＿＿＿＿＿＿＿＿＿＿＿＿＿＿＿＿＿＿＿＿

(3) 你是否知道桑塔纳 2000GSi 轿车离合器的基本组成？
评价情况：＿＿＿＿＿＿＿＿＿＿＿＿＿＿＿＿＿＿＿＿＿＿＿＿＿＿＿＿＿＿＿＿＿＿

(4) 你会正确使用离合器拆装过程中涉及的工具吗？
评价情况：＿＿＿＿＿＿＿＿＿＿＿＿＿＿＿＿＿＿＿＿＿＿＿＿＿＿＿＿＿＿＿＿＿＿

签名：＿＿＿＿＿＿＿＿ 年＿＿＿＿ 月＿＿＿＿ 日

2. 小组评价与反馈

(1) 你们小组在接到任务之后是否讨论过桑塔纳 2000GSi 轿车离合器的拆装计划？
评价情况：＿＿＿＿＿＿＿＿＿＿＿＿＿＿＿＿＿＿＿＿＿＿＿＿＿＿＿＿＿＿＿＿＿＿

(2) 你们小组在拆装桑塔纳 2000GSi 轿车离合器的过程中是否有明确的分工？相互配合得好吗？

评价情况：_____

（3）你们小组在拆装桑塔纳2000GSi轿车离合器的过程中操作是否规范？
评价情况：_____

参与评价的同学签名：_____ _____年_____月_____日

3. 教师评价及答复

_____
_____
_____

教师签名：_____ _____年_____月_____日

五、技能考核标准

序号	项目	作业内容	规定分	评分标准	得分
1	准备工作	工具、用具准备	10分	每漏一项扣1分	
2	总成拆卸	拆卸离合器	20分	1. 拆卸步骤及顺序错误扣10分； 2. 拆卸方法不正确扣10分； 3. 拆卸不熟练扣10分	
3	总成安装	安装离合器	20分	1. 装配步骤及顺序错误扣10分； 2. 装配不熟练扣10分	
4	质量检查	离合器安装质量检查	20分	1. 装配质量稍差扣5分； 2. 装配质量差扣10分； 3. 装配质量很差扣20分； 4. 每漏装或错装一项扣3分； 5. 每返工一次扣5分	
5	回答问题	离合器理论知识问题	5分	根据答错情况酌情扣分	
6	操作时间	时间控制在20min内	10分	1. 每超时1min扣2分； 2. 超出规定时间10min按不及格处理	
7	结束工作	考试现场恢复至考前状态	5分	1. 结束工作较差扣2分； 2. 结束工作差扣5分	
8	安全操作文明生产	1. 正确选择和使用工具； 2. 遵循安全操作规程； 3. 保持操作现场整洁； 4. 安全文明操作，无人身、设备、工具的事故	10分	1. 违反安全操作规程按不及格处理； 2. 工具选用不当每次扣2分； 3. 工具使用不当每次扣2分； 4. 零件工具落地每次扣2分； 5. 人为导致机件损坏扣5分，损坏两处以上按不及格处理； 6. 因操作不当发生重大事故的按0分处理	
	总分		100分		

学习任务三　手动变速器的构造与拆装

> **任务要求**
> 完成本学习任务后,你应该能:
> 1. 叙述手动变速器的作用、分类、组成和简单工作原理;
> 2. 叙述手动变速器各主要零部件在汽车上的安装位置;
> 3. 掌握手动变速器各主要零部件的识别及作用;
> 4. 按照技术规范正确拆装手动变速器总成、变速器机构和手动操作机构;
> 5. 对手动变速器的安装质量进行自检。
> 建议学时:12 学时

任务描述

一辆桑塔纳 2000GSi 轿车,行驶了 4 万 km,最近变速器齿轮啮合时出现异响,经诊断,需对手动变速器进行拆检。

一、理论知识准备

(一)变速器的功用

1. 实现变速、变矩

如果汽车上没有变速器而直接将发动机与驱动桥连接在一起,首先,由于发动机的转矩小,不能克服汽车的行驶阻力,使汽车根本无法起步;其次,即使汽车行驶起来,也会由于车速太高而不实用,甚至无法驾控。所以,必须改造发动机的转矩、转速特性,使发动机的转矩增大、转速下降,以适应汽车实际行驶的要求。变速器正是通过不同的挡位来实现这一功用的。

2. 实现倒车

发动机的旋转方向从前往后看为顺时针方向,且不能改变,为了实现汽车的倒向行驶,变速器中设置了倒挡。

3. 实现中断动力传动

在发动机起动和怠速运转、变速器换挡、汽车滑行和暂时停车等情况下,都需要中断发动机的动力传动,因此变速器中设有空挡。

(二)变速器的类型

现代汽车上所采用的变速器有多种结构形式,一般可以按照传动比和操纵方式进行分类。

1. 按传动比的变化方式分类

变速器按传动比的级数可分为有级式、无级式和综合式三种。

(1)有级式变速器。有级式变速器采用齿轮传动,具有若干个定值传动比。轿车和轻、中型载货汽车变速器多采用3~5个前进挡和一个倒挡,每个挡位对应一个传动比。重型载货汽车行驶的路况较为复杂,因此变速器的挡位较多,可有8~20个挡位。

齿轮式变速器具有结构简单、易于制造、工作可靠、传动效率高等优点。

这种齿轮式的有级变速器按照结构不同,又可以分为二轴式和三轴式变速器。二轴式变速器广泛用于发动机前置前轮驱动的轿车,而三轴式变速器可应用于其他各类型车辆。

(2)无级式变速器。无级式变速器的英文缩写为CVT,其传动比的变化是连续的。目前,无级变速器一般都是采用金属带传动动力,通过主、从动带轮直径的变化实现无级变速的。这种变速器在中、高级轿车中应用得越来越多。

(3)综合式变速器。综合式变速器是由液力变矩器和有级齿轮式变速器组成的,一般都是通过电脑来实现自动换挡,所以这种变速器被称为自动变速器。该种变速器的传动比可在最大值与最小值之间的几个间断的范围内作无级变化,目前在汽车上应用得较多。

2. 按变速器操纵方式分类

变速器按操纵方式可分为手动变速器、自动变速器和手动自动一体变速器三种。

(1)手动变速器。手动变速器的英文缩写为MT,即 Manual Transmission 的缩写。手动变速器是通过驾驶员用手操纵变速杆来选定挡位,并直接操纵变速器的换挡机构进行挡位变换的。齿轮式有级变速器大多数都是采用这种换挡方式。

(2)自动变速器。自动变速器的英文缩写为AT,即 Automatic Transmission 的缩写。自动变速器的自动控制系统根据发动机的负荷和车速的变化情况自动地选定挡位,并进行挡位变换,即自动地改变传动比。驾驶员只需要操纵加速踏板即可控制车速。

(3)手动自动一体变速器。手动自动一体变速器可以实现自动换挡,也可以实现手动换挡,比较典型的如奥迪 A6 的 Tiptronic。上海帕萨特 1.8T 也装有手动自动一体变速器。

(三)普通齿轮传动的基本原理

普通齿轮变速器是利用不同齿数的齿轮啮合传动来实现转矩和转速的改变。

齿轮传动的基本原理如图 3-1 所示,一对齿数不同的齿轮啮合传动时可以实现变速,而且两齿轮的转速比与其齿数成反比。设主动齿轮转速为 n_1,齿数为 z_1,从动齿轮转速为 n_2,齿数为 z_2。主动齿轮(输入轴)转速与从动齿轮(输出轴)转速之比值称为传动比,用 i_{12} 表示,即由主动齿轮传到从动齿轮的传动比:

$$i_{12} = n_1/n_2 = z_2/z_1$$

当小齿轮为主动齿轮，带动大齿轮转动时，输出转速降低，即 $n_2 < n_1$，称为减速传动，此时传动比 $i > 1$，如图 3-1a)所示；当大齿轮驱动小齿轮时，输出转速升高，即 $n_2 > n_1$，称为增速传动，此时传动比 $i < 1$，如图 3-1b)所示。这就是齿轮传动的变速原理。汽车变速器就是根据这一原理利用若干大小不同的齿轮副传动而实现变速的。

图 3-2 为两级齿轮传动示意图，齿轮 1 为主动齿轮，驱动齿轮 2 转动，齿轮 3 与齿轮 2 固连在一个轴上，再驱动齿轮 4 转动并输出动力，此时由齿轮 1 传到齿轮 4 的传动比为：

$$i_{14} = \frac{n_1}{n_4} = \frac{(z_2 z_4)}{(z_1 z_3)} = i_{12} i_{34}$$

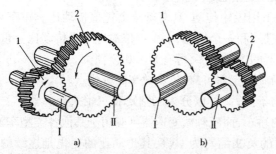

图 3-1 齿轮传动的基本原理
a)减速传动；b)增速传动
1-主动齿轮；2-从动齿轮；Ⅰ-输入轴；Ⅱ-输出轴

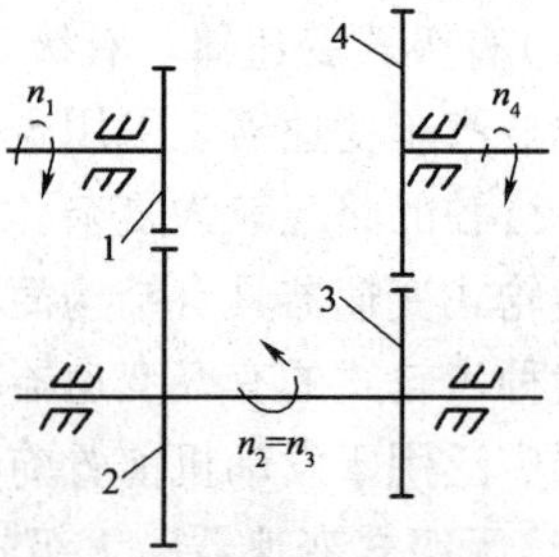

图 3-2 两级齿轮传动示意图
1、3-主动齿轮；2、4-从动齿轮

因此，可以总结出多级齿轮传动的传动比为：

i = 所有从动齿轮齿数的乘积/所有主动齿轮齿数的乘积 = 各级齿轮传动比的乘积

对于变速器，各挡的传动比 i 就是变速器输入轴转速与输出轴转速之比。即：

$$i = \frac{n_{输入}}{n_{输出}} = \frac{T_{输出}}{T_{输入}}$$

式中：$T_{输入}$——输入转矩；

$T_{输出}$——输出转矩。

当 $i > 1$ 时，$n_{输出} < n_{输入}$，$T_{输出} > T_{输入}$，此时实现降速增矩，为变速器的低挡位，且 i 越大，挡位越低；当 $i = 1$ 时，$n_{输出} = n_{输入}$，$T_{输出} = T_{输入}$，为变速器的直接挡；当 $i < 1$ 时，$n_{输出} > n_{输入}$，$T_{输出} < T_{输入}$，此时实现升速降矩，为变速器的超速挡。

例如，桑塔纳 2000 型轿车五挡手动变速器各挡的传动比见表 3-1。其一至三挡为降速挡，四挡为直接挡，五挡为超速挡。

桑塔纳 2000 型轿车五挡手动变速器各挡的传动比   表 3-1

挡 位	传动比	挡 位	传动比
Ⅰ	3.455	Ⅳ	0.969
Ⅱ	1.944	Ⅴ	0.800
Ⅲ	1.286		

手动变速器包括变速传动机构和操纵机构两大部分。变速传动机构的主要作用是改变转矩的大小和方向，操纵机构的作用是实现换挡。

(四)变速传动机构

变速传动机构是变速器的主体,按工作轴的数量(不包括倒挡轴)可分为二轴式变速器和三轴式变速器。

1. 二轴式变速器的变速传动机构

二轴式变速器用于发动机前置前轮驱动的汽车,一般与驱动桥(前桥)合称为手动变速驱动桥。目前,我国常见的国产轿车均采用这种变速器,如桑塔纳、捷达、富康、奥迪等。

前置发动机有纵向布置和横向布置两种形式,与其配用的二轴式变速器也有两种不同的结构形式。发动机纵置时,主减速器为一对圆锥齿轮,如奥迪100、桑塔纳2000型轿车,如图3-3所示;发动机横置时,主减速器采用一对圆柱齿轮,如捷达轿车,如图3-4所示。

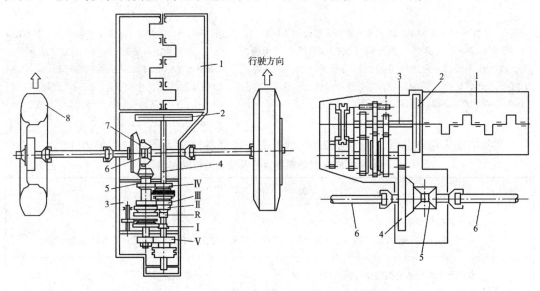

图3-3 发动机纵置的二轴式变速器传动示意图(桑塔纳2000型)
1-纵置发动机;2-离合器;3-变速器;4-变速器输入轴;5-变速器输出轴(主减速器主动锥齿轮);6-差速器;7-主减速器从动锥齿轮;8-前轮;Ⅰ、Ⅱ、Ⅲ、Ⅳ、Ⅴ-一、二、三、四、五挡齿轮;R-倒挡齿轮

图3-4 发动机横置的二轴式变速器传动示意图(捷达)
1-发动机;2-离合器;3-变速器;4-主减速器;5-差速器;6-带等角速万向节的半轴

(1)发动机纵向布置的二轴式变速器。图3-5、图3-6分别为桑塔纳2000型轿车二轴式变速器传动机构的结构图和示意图。

①结构。发动机纵向布置的二轴式变速器的变速传动机构有输入轴和输出轴,且二轴平行布置,输入轴也是离合器的从动轴,输出轴也是主减速器的主动锥齿轮轴。该变速器具有五个前进挡和一个倒挡,全部采用锁环式惯性同步器换挡。输入轴上有一至五挡主动齿轮,其中一、二挡主动齿轮与轴制成一体,三、四、五挡主动齿轮通过滚针轴承空套在轴上。输入轴上还有倒挡主动齿轮,它与轴制成一体。三、四挡同步器和五挡同步器也装在输入轴上。输出轴上有一至五挡从动齿轮,其中一、二挡从动齿轮通过滚针轴承空套在轴上,三、四、五挡齿轮通过花键套装在轴上。一、二挡同步器也装在输出轴上。在变速器壳体的右端还装有倒挡轴,上面通过滚针轴承套装有倒挡中间齿轮。

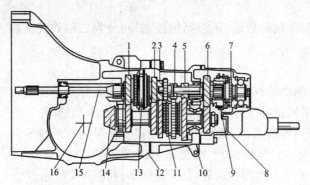

图3-5 桑塔纳2000型轿车二轴式变速器传动机构的结构图
1-四挡齿轮;2-三挡齿轮;3-二挡齿轮;4-倒挡齿轮;5-一挡齿轮;6-五挡齿轮;7-五挡运行齿环;8-换挡机构壳体;9-五挡同步器;10-齿轮箱体;11-一、二挡同步器;12-变速器壳体;13-三、四挡同步器;14-输出轴;15-输入轴;16-差速器

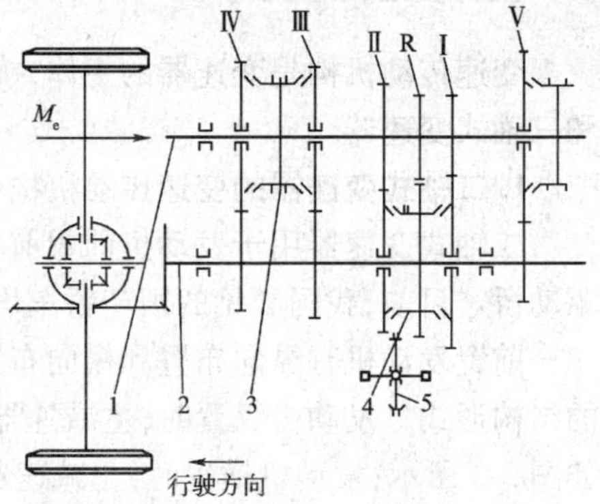

图3-6 桑塔纳2000型轿车二轴式变速器传动机构的示意图
1-输入轴;2-输出轴;3-三、四挡同步器;4-一、二挡同步器;5-倒挡中间齿轮;Ⅰ-一挡齿轮;Ⅱ-二挡齿轮;Ⅲ-三挡齿轮;Ⅳ-四挡齿轮;Ⅴ-五挡齿轮;R-倒挡齿轮

②各挡动力传动路线。桑塔纳2000型轿车变速器各挡动力传动路线见表3-2。

桑塔纳2000型轿车变速器各挡动力传动路线　　　　表3-2

挡位	动力传递路线
一	变速器操纵杆从空挡向左、向前移动,实现: 动力→输入轴→输入轴一挡齿轮→输出轴一挡齿轮→输出轴上一、二挡同步器→输出轴→动力输出
二	变速器操纵杆从空挡向左、向后移动,实现: 动力→输入轴→输入轴二挡齿轮→输出轴二挡齿轮→输出轴上一、二挡同步器→输出轴→动力输出
三	变速器操纵杆从空挡向前移动,实现: 动力→输入轴→输入轴三、四挡同步器→输入轴三挡齿轮→输出轴三挡齿轮→输出轴→动力输出
四	变速器操纵杆从空挡向后移动,实现: 动力→输入轴→输入轴三、四挡同步器→输入轴四挡齿轮→输出轴上四挡齿轮→输出轴→动力输出
五	变速器操纵杆从空挡向右、向前移动,实现: 动力→输入轴→输入轴上五挡同步器→输入轴上五挡齿轮→输出轴五挡齿轮→输出轴→动力输出
倒	变速器换挡操纵杆从空挡向右、向后移动,实现: 动力→输出轴→输出轴倒挡齿轮→倒挡轴上倒挡齿轮→输出轴倒挡齿轮→输出轴→动力反向输出

(2)发动机横向布置的二轴式变速器。

①结构。发动机横向布置的二轴式变速器结构如图3-7所示,所有前进挡齿轮和倒挡齿轮都采用常啮合斜齿轮,并采用锁环式同步器换挡。

②动力传动路线。

a. 一挡。如图3-8所示,一、二挡同步器使一挡齿轮与主减速器主动齿轮轴接合,将变速齿轮锁定到主减速器主动齿轮轴上。输入轴齿轮的一挡主动齿轮顺时针转动,逆时针地驱动一挡从动齿轮和主减速器主动齿轮轴,顺时针驱动主减速器从动齿轮。

b. 二挡。从一挡向二挡换挡时,一、二挡同步器分离一挡从动齿轮,并接合二挡从动齿轮,动力传动路线如图3-9所示。

c. 三挡。当二挡同步器接合套返回空挡后,将三、四挡同步器锁定到主减速器主动齿轮轴上的三挡齿轮上。动力传动路线如图3-10所示。

d. 四挡。将三、四挡同步器接合套从三挡齿轮移开,移向四挡齿轮,将其锁定在主减速器主动齿轮轴上。动力传动路线如图3-11所示。

e. 倒挡。变速杆位于倒挡时,倒挡惰轮换入与倒挡主动齿轮和倒挡从动齿轮啮合。倒挡从动齿轮同时又是一、二挡同步器接合套,同步器接合套带有沿其外缘加工的直齿。倒挡惰轮改变变速齿轮的转动方向,汽车就可以倒车。动力传动路线如图3-12所示。

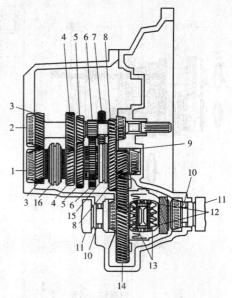

图3-7 发动机横向布置的二轴式变速器结构图
1-输出轴;2-输入轴;3-四挡齿轮;4-二挡齿轮;5-三挡齿轮;6-倒挡齿轮;7-倒挡惰轮;8-一挡齿轮;9-主减速器主动齿轮;10-差速器油封;11-等速万向节轴;12-差速行星齿轮;13-差速半轴齿轮;14-主减速器从动齿轮;15-一、二挡同步器;16-三、四挡同步器

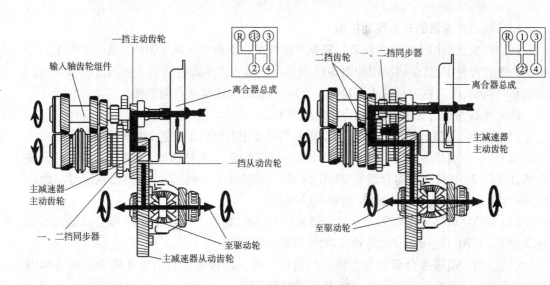

图3-8 一挡动力传动路线　　　图3-9 二挡动力传动路线

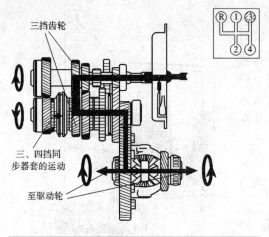

图3-10 三挡动力传动路线

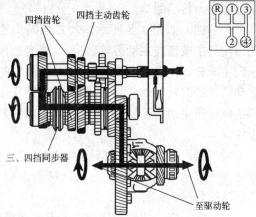

图3-11 四挡动力传动路线

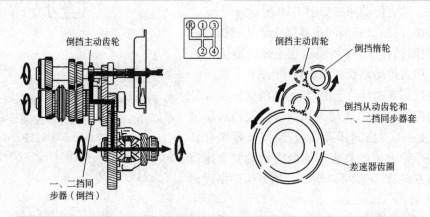

图3-12 倒挡动力传动路线

2. 三轴式变速器的变速传动机构

三轴式变速器用于发动机前置后轮驱动的汽车。下面以东风 EQ1092 型载货汽车的变速器为例进行介绍,其结构简图如图 3-13 所示。三轴式变速器有三根主要的传动轴,一轴、二轴和中间轴,所以称为三轴式变速器。另外,三轴式变速器还有倒挡轴。

该变速器为五挡变速器,各挡传动情况如下。

(1)空挡。二轴上的各接合套、传动齿轮均处于中间空转的位置,动力不传给第二轴。

(2)一挡。前移一、倒挡直齿滑动齿轮 12 与中间轴一、倒挡齿轮 18 啮合。动力经一轴常啮合齿轮 2、中间轴常啮合齿轮 23、中间轴一、倒挡齿轮 18、二轴一、倒挡直齿滑动齿轮 12,传到第二轴,使其顺时针旋转(与第一轴同向)。

(3)二挡。后移接合套 9,与二轴二挡齿轮 11 的二挡齿轮接合齿圈 10 啮合。动力经图 3-13 中 2、23、20、11、10、9、24,传到二轴,使其顺时针旋转。

(4)三挡。前移接合套 9 与二轴三挡齿轮 7 的三挡齿轮接合齿圈 8 啮合。动力经图 3-13 中 2、23、21、7、8、9、24,传到二轴,使其顺时针旋转。

(5)四挡。后移接合套 4 与二轴四挡齿轮 6 的四挡齿轮接合齿圈 5 啮合。动力经图

3-13中2、23、22、6、5、4、25,传到二轴,使其顺时针旋转。

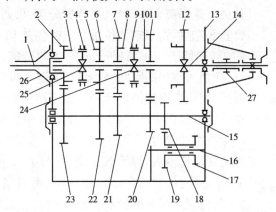

图3-13 东风EQ1092型载货汽车的三轴式变速器
1-一轴;2-一轴常啮合齿轮;3-一轴常啮合齿轮接合齿圈;4、9-接合套;5-四挡齿轮接合齿圈;6-二轴四挡齿轮;7-二轴三挡齿轮;8-三挡齿轮接合齿圈;10-二挡齿轮接合齿圈;11-二轴二挡齿轮;12-二轴一、倒挡直齿滑动齿轮;13-变速器壳体;14-二轴;15-中间轴;16-倒挡轴;17、19-倒挡中间齿轮;18-中间轴一、倒挡齿轮;20-中间轴二挡齿轮;21-中间轴三挡齿轮;22-中间轴四挡齿轮;23-中间轴常啮合齿轮;24、25-花键毂;26-一轴轴承盖;27-回油螺纹

(6)五挡。前移接合套4与一轴常啮合齿轮2的一轴常啮合齿轮接合齿圈3啮合。动力直接由一轴、2、3、4、25,传到二轴,传动比为1。由于二轴的转速与一轴相同,故此挡称为直接挡。

(7)倒挡。后移二轴上的一、倒挡直齿滑动齿轮12与倒挡中间齿轮17啮合。动力经图3-13中所示部件2、23、18、19、17、12,传给二轴,使其逆时针旋转,汽车倒向行驶。倒挡传动路线与其他挡位相比,由于多了倒挡中间齿轮的传动,所以改变了二轴的旋转方向。

(五)同步器

目前,汽车中手动、普通齿轮变速器换挡的方式有两种:一是采用直齿滑动齿轮,如东风EQ1092型载货汽车的一、倒挡的换挡方式;二是采用同步器换挡,这种方式应用最广泛,几乎所有的变速器都是采用同步器进行换挡的。

1. 同步器的功用

(1)功用。同步器的功用是使接合套与待啮合的齿圈迅速同步,缩短换挡时间;且防止在同步前啮合而产生换挡冲击。

 想一想

如果没有同步器,变速器的换挡过程是怎样的呢?

(2)无同步器的换挡过程。以无同步五挡变速器的四、五挡互换为例进行介绍,图3-14为其结构简图,采用接合套进行换挡。

①低挡换高挡(四挡换五挡)。变速器在四挡工作时,接合套3与二轴四挡齿轮4上的

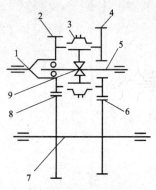

图3-14 无同步器五挡变速器的四、五挡简图

1-一轴；2-一轴常啮合齿轮；3-接合套；4-二轴四挡齿轮；5-二轴；6-中间轴四挡齿轮；7-中间轴；8-中间轴常啮合齿轮；9-花键毂

接合齿圈啮合，两者接合齿圆周速度 $V_3 = V_4$。欲换入五挡时，驾驶员先踩下离合器踏板，离合器分离，再通过变速操纵机构将接合套3左移，置于空挡位置。此时仍是 $V_3 = V_4$，因二轴四挡齿轮4的转速低于一轴常啮合齿轮2的转速，圆周速度 $V_4 < V_2$，所以，在换入空挡的瞬间，$V_3 < V_2$，为避免齿轮冲击，不应立即换入五挡，应先在空挡停留片刻。在空挡位置时，变速器输入轴各零件已与发动机中断了动力传递且转动惯量较小，再加上中间轴齿轮有搅油阻力，所以 V_2 下降较快，如图3-15a)所示；而整个汽车的转动惯量大，导致接合套3（与第二轴转速相同）的圆周速度 V_3 下降慢，如图3-15a)中所示，两直线 V_3、V_2 的倾斜度不同而相交，交点即为同步状态（$V_3 = V_2$）。此时将接合套左移与齿轮2上的齿圈啮合挂入五挡，不会产生冲击。但自然减速出现同步的时刻太晚，应在摘下四挡后，立即抬起离合器踏板，利用发动机怠速工况迫使一轴更快地减速，V_2 下降较快，如图3-15a)中虚线所示，同步点出现得早，从而缩短了换挡时间。

②高挡换低挡（五挡换四挡）。变速器在五挡工作时以及由五挡换入空挡的瞬间，接合套3与一轴常啮合齿轮2接合齿圈圆周速度相同，即 $V_3 = V_2$，因 $V_2 > V_4$，故 $V_3 > V_4$，如图3-15b)所示。但在空挡时，V_4 下降得比 V_3 快，即 V_4 与 V_3 不会出现相交点，不可能达到自然同步状态。所以驾驶员应在变速器退回空挡后，立即抬起离合器踏板，同时踩下加速踏板，使发动机连同离合器从动盘和一轴都从 B 点开始升速，让 $V_4 > V_3$，如图3-15b)中虚线所示，再踩下离合器踏板稍等片刻，$V_3 = V_4$（同步点A）时，即可换入四挡。

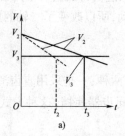 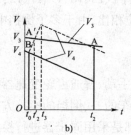

图3-15 无同步器的换挡过程
a)低挡换高挡；b)高挡换低挡

图3-15b)中还有一次同步时刻 A'，利用这一点可以缩短换挡时间，由于此点是踩加速踏板过程中出现的，要求驾驶员有熟练的操作技能。

由此可见，欲使无同步器变速器换挡时不产生换挡冲击，需采取较复杂的操作，不仅易使驾驶员产生疲劳，且降低齿轮的使用寿命。

同步器是在接合套的基础上发展起来的，下面通过介绍同步器的构造和工作原理来进一步了解同步器的功用。

2. 同步器的构造及工作原理

目前，大多数汽车采用的同步器都是摩擦式惯性同步器，按锁止装置不同，可分为锁环式惯性同步器和锁销式惯性同步器。下面以锁环式惯性同步器为例进行介绍。

(1) 构造。锁环式惯性同步器的结构如图3-16所示，花键毂7用内花键套装在二轴外花键上，用垫圈、卡环轴向定位。花键毂7两端与齿轮1和4之间各有一个青铜制成的锁环(同步环)5和9。锁环上有短花键齿圈，其花键的尺寸和齿数与花键毂、齿轮1和4的外花键齿相同。两个齿轮和锁环上的花键齿，靠近接合套8的一端都有倒角(锁止角)，且与接合套齿端的倒角相同。锁环有内锥面，与齿轮1和4的外锥面锥角相同。在锁环内锥面上制有细密的螺纹或直槽，当锥面接触后，它能及时破坏油膜，增加锥面间的摩擦力。锁环内锥面摩擦副称为摩擦件，外沿带倒角的齿圈是锁止件，锁环上还有三个均布的缺口12。三个滑块2分别装在花键毂7上三个均布的轴向槽11内，沿槽可以轴向移动。滑块被两个弹簧圈6的径向力压向接合套，滑块中部的凸起部位压嵌在接合套中部的环槽10内。滑块和弹簧是推动件。滑块两端伸入锁环5的缺口12中，滑块窄、缺口宽，两者之差等于锁环的花键齿宽。锁环相对滑块顺转和逆转都只能转动半个齿宽，且只有当滑块位于锁环缺口的中央时，接合套与锁环才能接合。

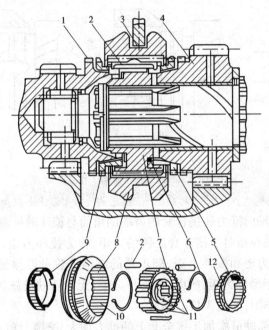

图3-16 锁环式惯性同步器

1—一轴常啮合齿轮;2-滑块;3-拨叉;4-二轴齿轮;5,9-锁环(同步环);6-弹簧圈;7-花键毂;8-接合套;10-环槽;11-三个轴向槽;12-缺口

(2) 工作原理。以二挡换三挡为例，说明同步器的工作原理，如图3-17所示。

① 空挡位置。接合套8刚从二挡退入空挡时，如图3-17a)所示，三挡齿轮1、接合套8、锁环9以及与其有关联的运动件，因惯性作用而沿原方向继续旋转(图示箭头方向)。由于齿轮1是高挡齿轮(相对于二挡齿轮来说)，所以接合套8、锁环9的转速低于齿轮1的转速。

② 挂挡。欲换入三挡时，驾驶员通过变速杆使拨叉3(图3-16)推动接合套8连同滑块2

一起向左移动,如图3-17b)所示,滑块又推动锁环移向齿轮1,使锥面接触。驾驶员作用在接合套上的轴向推力,使两锥面有正压力N,又因两者有转速差,所以产生摩擦力矩。通过摩擦作用,齿轮1带动锁环相对于接合套向前转动一个角度,使锁环缺口靠在滑块的另一侧(上侧)为止,此时接合套的内齿与锁环上错开了约半个齿宽,接合套的齿端倒角面与锁环的齿端倒角面互相抵住。

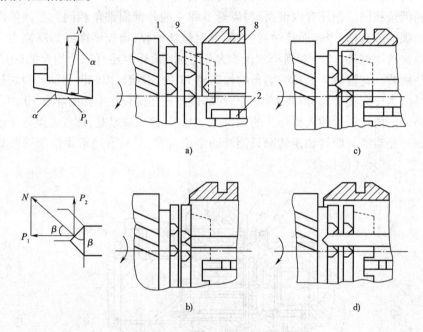

图3-17 锁环式惯性同步器工作原理
1—待啮合齿轮;2—滑块;8—接合套;9—锁环(同步环)

③锁止。驾驶员的轴向推力使接合套的齿端倒角面与锁环的齿端倒角面之间产生正压力,形成一个企图拨动锁环相对于接合套反转的力矩,称为拨环力矩。这样,在锁环上同时作用着方向相反的摩擦力矩和拨环力矩,同步器的结构参数可以保证在同步前(存在摩擦力矩)拨环力矩始终小于摩擦力矩,所以,在同步之前,无论驾驶员施加多大的操纵力,都不会挂上挡,即产生锁止作用,如图3-17c)所示。

④同步啮合。随着驾驶员施加于接合套上的推力加大,摩擦力矩不断增加,使齿轮1的转速迅速降低。当齿轮1、接合套8和锁环9达到同步时,作用在锁环上的摩擦力矩消失。此时,在拨环力矩的作用下,锁环9、齿轮1以及与之相连的各零件都对于接合套反转一角度,滑块2处于锁环缺口的中央,如图3-17c)所示,键齿不再抵触,锁环的锁止作用消除。接合套压下弹簧圈继续左移(滑块脱离接合套的内环槽而不能左移),与锁环的花键齿圈进入啮合,进而再与齿轮1进入啮合,如图3-17d)所示,挂入三挡。

锁环式同步器尺寸小、结构紧凑、摩擦力矩也小,多用于轿车和轻型货车。

(六)手动变速器的操纵机构

手动变速器操纵机构的功用是保证驾驶员能准确可靠地将变速器挂入所需要的挡位,

并可随时退至空挡。

变速器操纵机构按照变速操纵杆(变速杆)位置的不同,可分为直接操纵式和远距离操纵式两种类型。

1. 直接操纵式

这种形式的变速器布置在驾驶员座椅附近,变速杆由驾驶室底板伸出,驾驶员可以直接操纵。如图 3-18 所示,解放 CA1091 型载货汽车六挡变速器操纵机构就采用这种形式。直接操纵式多用于发动机前置后轮驱动的车辆。

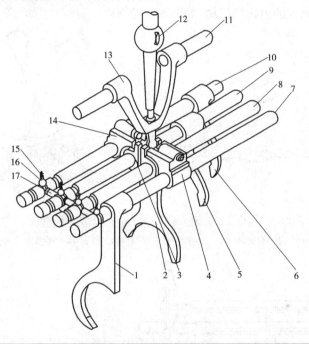

图 3-18　解放 CA1091 型载货汽车六挡变速器直接操纵式操纵机构
1-五、六挡拨叉;2-三、四挡拨叉;3-一、二挡拨块;4-五、六挡拨块;5-一、二挡拨叉;6-倒挡拨叉;7-五、六挡拨叉轴;8-三、四挡拨叉轴;9-一、二挡拨叉轴;10-倒挡拨叉轴;11-换挡轴;12-变速杆;13-叉形拨杆;14-倒挡拨块;15-自锁弹簧;16-自锁钢球;17-互锁销

拨叉轴 7、8、9 和 10 的两端均支承于变速器盖的相应孔中,可以轴向滑动。所有的拨叉和拨块都以弹性销固定于相应的拨叉轴上。三、四挡拨叉 2 的上端具有拨块。拨叉 2 和拨块 3、4、14 的顶部制有凹槽。变速器处于空挡时,各凹槽在横向平面内对齐,叉形拨杆 13 下端的球头即伸入这些凹槽中。选挡时,可使变速杆绕其中部球形支点横向摆动,则其下端推动叉形拨杆 13 绕换挡轴 11 的轴线摆动,从而使叉形拨杆下端球头对准与所选挡位对应的拨块凹槽,然后使变速杆纵向摆动,带动拨叉轴及拨叉向前或向后移动,即可实现挂挡。例如,横向摆动变速杆使叉形拨杆下端球头深入拨块 3 顶部凹槽中,拨块 3 连同拨叉轴 9 和拨叉 5 即沿纵向向前移动一定距离,便可挂入二挡;若向后移动一段距离,则挂入一挡。当使叉形拨杆下端球头深入拨块 14 的凹槽中,并使其向前移动一段距离时,便挂入倒挡。

各种变速器由于挡位数及挡位排列位置不同,其拨叉和拨叉轴的数量及排列位置也不相同。例如,上述的六挡变速器的六个前进挡用了三根拨叉轴,倒挡独立使用了一根拨叉轴,共有四根拨叉轴;而东风EQ1092型载货汽车的五挡变速器只有三根拨叉轴,其二、三挡和四、五挡各占一根拨叉轴,一挡和倒挡共用一根拨叉轴。

2. 远距离操纵式

在有些汽车上,由于变速器离驾驶员座位较远,则需要在变速杆与拨叉之间加装一些辅助杠杆或一套传动机构,构成远距离操纵机构。这种操纵机构多用于发动机前置前轮驱动的轿车,如桑塔纳2000型轿车的五挡手动变速器,由于其变速器安装在前驱动桥处,远离驾驶员座椅,需要采用这种操纵方式,如图3-19所示。远距离操纵式变速器在变速器壳体上具有类似于直接操纵式的内换挡机构,如图3-20所示。

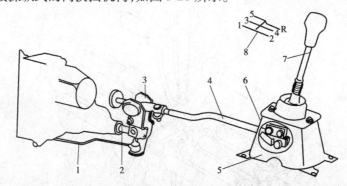

图3-19 桑塔纳2000型轿车五挡手动变速器的远距离操纵机构
1-支撑杆;2-内换挡杆;3-换挡杆接合器;4-外换挡杆;5-倒挡保险挡块;6-换挡手柄座;7-变速杆;8-换挡标记

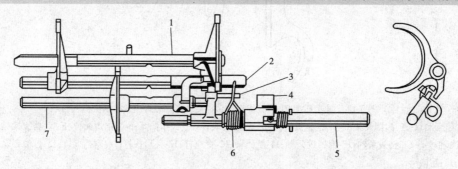

图3-20 桑塔纳2000型轿车五挡手动变速器的内换挡机构
1-五、倒挡拨叉轴;2-三、四挡拨叉轴;3-定位拔销;4-倒挡保险块;5-内换挡杆;6-定位弹簧;7-一、二挡拨叉轴

另外,有些轿车和轻型货车的变速器将变速杆安装在转向柱管上,如图3-21所示,因此,在变速杆与变速器之间也是通过一系列的传动件进行传动,这也属于远距离操纵方式。它具有变速杆占据驾驶室空间小,乘坐方便等优点。

3. 换挡锁装置

为了保证变速器在任何情况下都能准确、安全、可靠地工作,变速器操纵机构一般都具有换挡锁装置,包括自锁装置、互锁装置和倒挡锁装置。

(1)自锁装置。自锁装置用于防止变速器自动脱挡或挂挡,并保证轮齿以全齿宽啮合。大多数变速器的自锁装置都是采用自锁钢球对拨叉轴进行轴向定位锁止。如图3-22所示,在变速器盖中钻有三个深孔,孔中装入自锁钢球和自锁弹簧,其位置正处于拨叉轴的正上

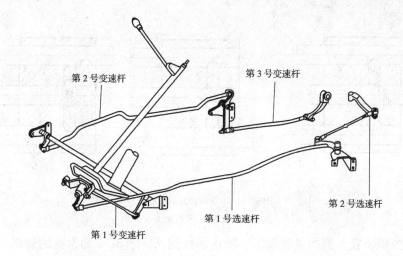

图 3-21　柱式换挡操纵机构

方,每根拨叉轴对着钢球的表面沿轴向设有三个凹槽,槽的深度小于钢球的半径。中间的凹槽对正钢球时为空挡位置,前边或后边的凹槽对正钢球时则处于某一工作挡位置,相邻凹槽之间的距离保证齿轮处于全齿长啮合或是完全退出啮合。凹槽对正钢球时,钢球便在自锁弹簧的压力作用下嵌入该凹槽内,拨叉轴的轴向位置便被固定,不能自行挂挡或自行脱挡。当需要换挡时,驾驶员通过变速杆对拨叉轴施加一定的轴向力,克服自锁弹簧的压力而将自锁钢球从拨叉轴凹槽中挤出并推回孔中,拨叉轴便可滑过钢球进行轴向移动,并带动拨叉及相应的接合套或滑动齿轮轴

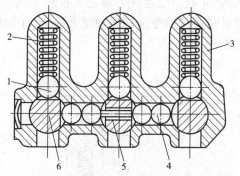

图 3-22　自锁和互锁装置
1-自锁钢球;2-自锁弹簧;3-变速器盖;4-互锁钢球;
5-互锁销;6-拨叉轴

向移动,当拨叉轴移至其另一凹槽与钢球相对正时,钢球又被压入凹槽,驾驶员具有很强的手感,此时,拨叉所带动的接合套或滑动齿轮便被拨入空挡或被拨入另一工作挡位。

(2)互锁装置。互锁装置用于防止同时挂上两个挡位。如图 3-23 所示,互锁装置由互锁钢球和互锁销组成。

当变速器处于空挡时,所有拨叉轴的侧面凹槽同互锁钢球、互锁销都在一条直线上。当移动中间拨叉轴 3 时,如图 3-23a)所示,轴 3 两侧的内钢球从其侧凹槽中被挤出,而两个外钢球 2 和 4 则分别嵌入拨叉轴 1 和轴 5 的侧面凹槽中,因而将轴 1 和 5 刚性地锁止在其空挡位置。若欲移动拨叉轴 5,则应先将拨叉轴 3 退回到空挡位置。于是在移动拨叉轴 5 时,钢球 4 便从轴 5 的凹槽中被挤出,同时通过互锁销 6 和其他钢球将轴 3 和 1 均锁止在空挡位置,如图 3-23b)所示。同理,当移动拨叉轴 1 时,则轴 3 和轴 5 被锁止在空挡位置,如图 3-23c)所示。由此可知,互锁装置的工作机理是,当驾驶员用变速杆推动某一拨叉轴时,自动锁止其余拨叉轴,从而防止同时挂上两个挡位。

有的三挡变速器将自锁和互锁装置合二为一,如图 3-24 所示,其中 $a=b$。

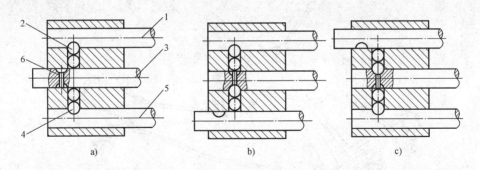

图3-23 互锁装置工作示意图
1、3、5-拨叉轴；2、4-互锁钢球；6-互锁销

(3) 倒挡锁装置。倒挡锁装置用于防止误挂倒挡。图3-25为常见的锁销式倒挡锁装置。当驾驶员想挂倒挡时，必须用较大的力使变速杆4下端压缩弹簧2，将锁销推入锁销孔内，才能使变速杆下端进入拨块3的凹槽中进行换挡。由此可见，倒挡锁的作用是使驾驶员必须对变速杆施加更大的力，才能挂入倒挡，从而起到警示注意的作用，以防止误挂倒挡。

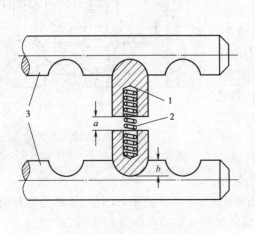

图3-24 合二为一的自锁和互锁装置
1-锁销；2-锁止弹簧；3-拨叉轴

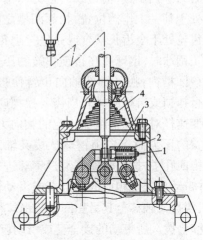

图3-25 锁销式倒挡锁装置
1-倒挡锁销；2-倒挡锁弹簧；3-倒挡拨块；
4-变速杆

二、实 践 操 作

(一)实践准备条件

桑塔纳轿车底盘或桑塔纳手动变速器拆装台架数台，离合器拆装作业台、压力机各1台，常用工具、量具各1套，桑塔纳专用工具1套，相关挂图或图册若干、维修手册和工单等。

(二)变速器总成的拆卸和安装

1. 变速器总成的拆卸

(1)拆下蓄电池的搭铁线。

(2)拆下离合器拉索,如图3-26所示。

(3)举升起汽车。将传动轴(半轴)从变速器上拆下来并支撑好,如图3-27所示。

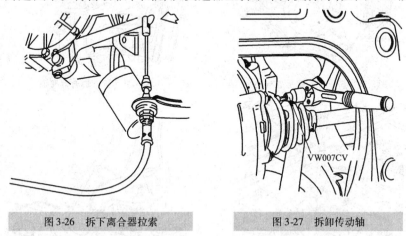

图3-26 拆下离合器拉索　　　图3-27 拆卸传动轴

(4)旋松变速操纵机构的内换挡杆螺栓,如图3-28所示。

(5)压出支撑杆球头并将内换挡杆与离合块分离,如图3-29所示。

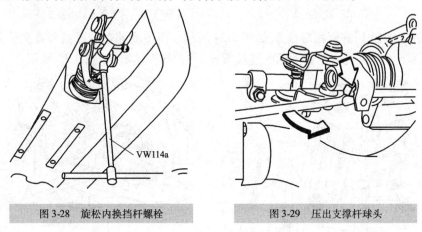

图3-28 旋松内换挡杆螺栓　　　图3-29 压出支撑杆球头

(6)拆下倒挡灯开关的接头。

(7)拆下车速里程表软轴,如图3-30所示。

(8)卸下离合器盖板,如图3-31所示。

(9)拆下排气管。必要时将化油器上的滤清器取下,有利于拆下排气管的螺母。

(10)放下汽车并将发动机固定好,如图3-32所示。拆下发动机与变速器上部的连接螺栓。

(11)举升起汽车。拆下起动机的紧固螺栓。

(12)拆下发动机中间支架,如图3-33所示。

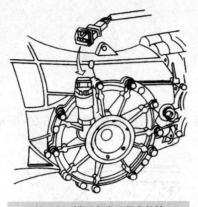

图3-30 拆下车速里程表软轴

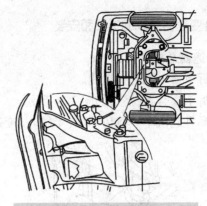

图3-31 拆下离合器盖板

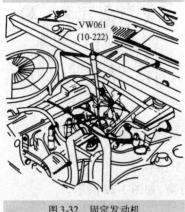

图3-32 固定发动机

图3-33 拆下发动机中间支架

(13)拆下螺栓1,并旋松螺栓2,如图3-34所示。拆下变速器减振垫和减振垫前支架。

(14)拆下发动机与变速器下部的连接螺栓,并拆卸变速器,如图3-35所示。

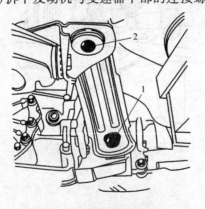

图3-34 拆下螺栓
1、2—螺栓

图3-35 拆卸变速器

2. 变速器总成的安装

变速器总成的安装可按与拆卸相反的顺序进行,如果需要,调整离合器踏板自由行程。变速器总成有关的螺栓拧紧力矩见表3-3。

变速器总成有关的螺栓拧紧力矩　　　　　　　表3-3

部　件	拧紧力矩(N·m)	部　件	拧紧力矩(N·m)
变速器固定在发动机上的螺栓	55	变速器支架固定在横梁上的螺栓	70
变速器减振垫前支架的固定螺栓	25	发动机中间支架固定在车身上的螺栓	30
减振垫固定在前后支架上的螺栓	20	传动轴固定在变速器上的螺栓	40
减振垫固定在车身上的螺栓	110	内变速杆固定螺栓	30

（三）变速器传动机构拆装

变速器传动机构由输入轴、输出轴及其上的齿轮组成。输入轴和输出轴的分解分别如图3-36和图3-37所示。

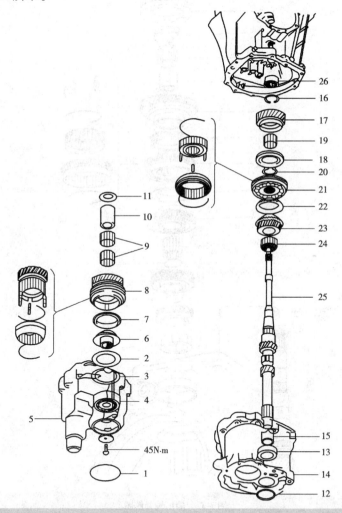

图3-36　输入轴分解图

1-后轴承的罩盖；2-油圈；3-锁环；4-输入轴后轴承；5-变速器后盖；6-五挡同步器套管；7-五挡同步环；8-五挡同步器和齿轮；9-五挡齿轮滚针轴承；10-五挡齿轮滚针轴承内圈；11-固定垫圈；12-锁环；13-中间轴承；14-轴承支座；15-中间轴承内圈；16-有齿的锁环；17-四挡齿轮；18-四挡同步环；19-四挡齿轮滚针轴承；20-锁环；21-三挡和四挡同步器；22-三挡同步环；23-三挡齿轮；24-三挡齿轮滚针轴承；25-输入轴；26-输入轴滚针轴承

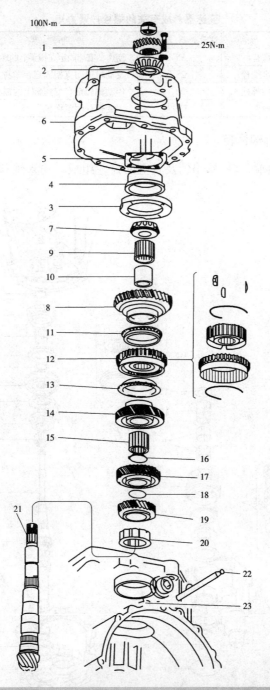

图 3-37 输出轴分解图

1-五挡齿轮;2-输出轴外后轴承;3-轴承保持架;4-后轴承外圈;5-调整垫片;6-轴承支座;7-输出轴内后轴承;8-一挡齿轮;9-一挡齿轮滚针轴承;10-一挡齿轮滚针轴承内圈;11-一挡同步环;12-一挡和二挡同步器;13-二挡同步环;14-二挡齿轮;15-二挡齿轮滚针轴承;16-环(厚度应用测量薄板用的样板测定,可使用的厚度为 1.5mm 和 1.6mm);17-三挡齿轮(凸缘应转向四挡齿轮);18-环;19-四挡齿轮(凸缘应转向锥主动齿轮);20-输出轴前轴承;21-输出轴;22-圆柱销;23-输出轴前轴承外圈

1. 整套齿轮的拆卸

(1) 拆下变速器。

(2) 拆下变速器后盖。

(3) 拆下轴承支座。

(4) 拆下整套齿轮。

2. 输入轴的拆卸

(1) 拆下四挡齿轮的有齿锁环。取下四挡齿轮、同步环和滚针轴承。

(2) 拆下同步器锁环,如图 3-38 所示。

(3) 取下三挡和四挡同步器、三挡同步环和齿轮,如图 3-39 所示。取下三挡齿轮的滚针轴承。

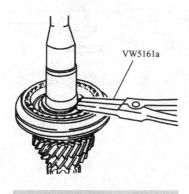

图 3-38　拆下同步器锁环

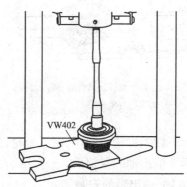

图 3-39　取下三挡和四挡同步器、三挡同步环及齿轮

(4) 取下输入轴的中间轴承内圈,如图 3-40 所示。

3. 输出轴的拆卸

(1) 拆下输出轴内后轴承和一挡齿轮,如图 3-41 所示。取下滚针轴承和一挡同步环。

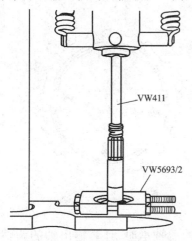

图 3-40　取下输入轴中间轴承内圈

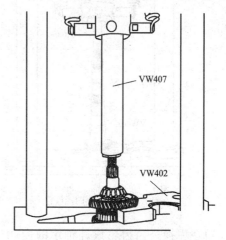

图 3-41　拆下内后轴承和一挡齿轮

(2)取下滚针轴承的内圈、同步器和二挡齿轮,如图3-42所示。取下二挡齿轮的滚针轴承。

(3)拆下三挡齿轮的锁环、三挡齿轮,如图3-43所示。

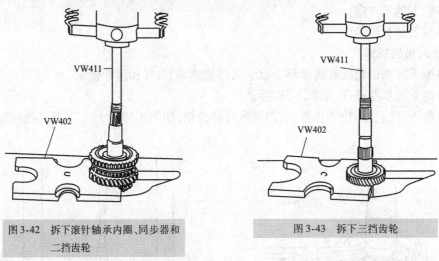

图3-42 拆下滚针轴承内圈、同步器和二挡齿轮　　　图3-43 拆下三挡齿轮

(4)拆下四挡齿轮的锁环、四挡齿轮,如图3-44所示。

(5)拆下输出轴的前轴承。

4. 输入轴、输出轴的安装

(1)检查主减速器主动锥齿轮的情况。如果已经损坏,同主减速器从动锥齿轮一起更换,并计算从动锥齿轮和主动锥齿轮调整垫片厚度。

(2)检查所有齿轮和轴承的损坏情况。如需要更换,除更换所损坏的零部件外,还需将其他轴上的相应齿轮更换。

(3)用钢丝刷清洗同步环的内锥面,如图3-45所示。

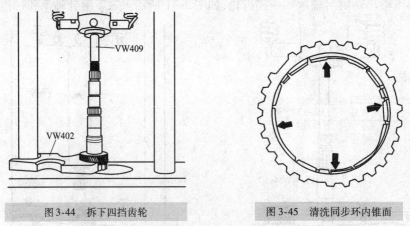

图3-44 拆下四挡齿轮　　　图3-45 清洗同步环内锥面

(4)在更换一挡齿轮滚针轴承的内圈或输出轴的后轴承时,计算输出轴的调整垫片厚度。

(5)将同步环压在各自齿轮的锥面上,检查间隙 A 值,如图3-46所示。间隙 A 的规定值如表3-4所示。将同步环贴在极其平滑的表面上(平板、玻璃等),对其扭曲进行分析。用轻度的压力将同步环装在各自齿轮的锥面上,移动齿轮的锥环,对过度的侧面间隙(成椭圆形)进行分析,如图3-47所示。如果出现上述任何一种不正常现象,就应更换同步环。

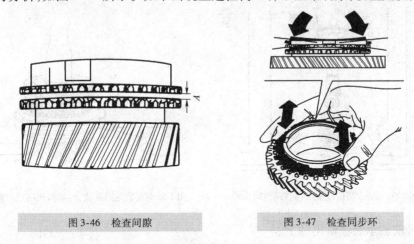

图3-46　检查间隙　　　　　　　　　图3-47　检查同步环

间隙 A 值(单位:mm)　　　　　　　　　　　　　　　　表3-4

同 步 环	间 隙 A	
	新的零件	磨损的限度
一挡和二挡	1.10~1.17	0.05
三挡和四挡	1.35~1.90	0.05
五挡	1.10~1.70	0.05

(6)装上中间轴承的内圈,如图3-48所示。将预先润滑过的三挡齿轮滚针轴承装上,把油槽转向二挡齿轮。

(7)如图3-49所示,组装三挡和四挡同步器。

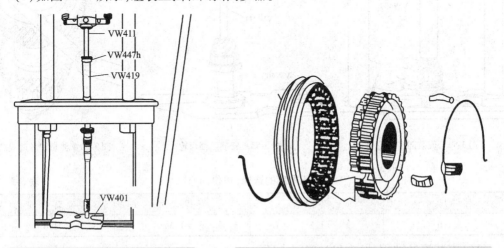

图3-48　安装中间轴承内圈　　　　　图3-49　组装三挡和四挡同步器

(8)如图3-50所示,装上三挡齿轮及三挡和四挡同步器,装上锁环。

(9)装上同步器环、滚针轴承和四挡齿轮,再装上有齿的锁环。

(10)如图3-51所示,用2kN的力将三挡齿轮、同步器和四挡齿轮紧紧压在有齿的锁环上,将总成固定好。

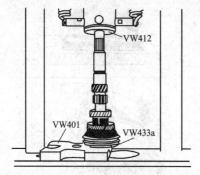 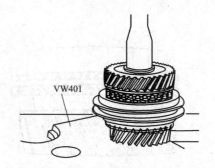

图3-50　安装三挡齿轮及三挡和四挡同步器　　　图3-51　安装三挡齿轮、同步器和四挡齿轮

(11)将前轴承装在输出轴上。

(12)如图3-52所示,装上四挡齿轮。用手扶住前轴承,齿轮有凸缘的一边应朝向轴承。

(13)利用可供使用锁环中的一个将四挡齿轮固定好。先从较厚的锁环开始,锁环厚度有2.35mm、2.38mm、2.41mm、2.44mm和2.47mm五种。

(14)如图3-53所示,安装三挡齿轮。凸缘应朝向四挡齿轮。

(15)利用厚薄规测量销环的厚度,如图3-54所示。根据测得的尺寸,选择适当的锁环装上,见表3-5。

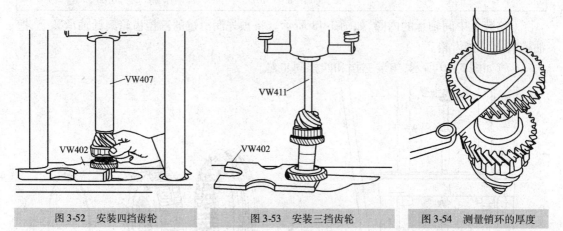

图3-52　安装四挡齿轮　　　图3-53　安装三挡齿轮　　　图3-54　测量销环的厚度

锁环厚度的选择(单位:mm)　　　　　　　　　　　表3-5

测得尺寸	锁环厚度	测得尺寸	锁环厚度
<1.6	1.5	≥1.6	1.6

(16)安装滚针轴承、齿轮和二挡同步环。

(17)装配一挡和二挡同步器,如图3-55所示。在同步器凹槽中的细槽应转向装拨叉槽的对面一边,如图3-56所示。同步器壳体有三个凹口,凹口上有三个凹陷的内齿。在安装中，三个凹口和槽应吻合，这样可以安装销环，然后，装止动弹簧，弹簧圈开口相互错开120°，如图 3-57、图 3-58 和图 3-59 所示。

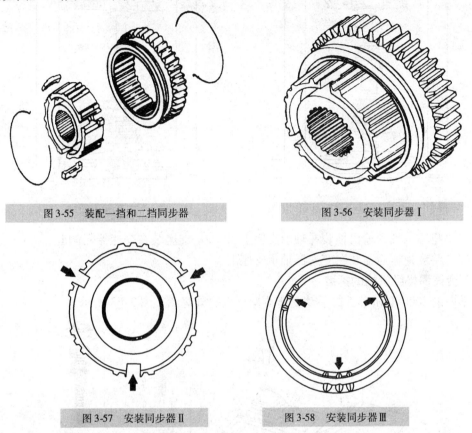

图 3-55　装配一挡和二挡同步器　　　　图 3-56　安装同步器 I

图 3-57　安装同步器 II　　　　图 3-58　安装同步器 III

（18）装上一挡和二挡同步器，如图 3-60 所示。同步器壳体的槽应朝向一挡齿轮。

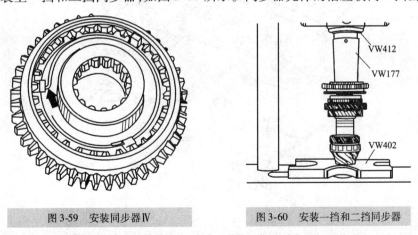

图 3-59　安装同步器 IV　　　　图 3-60　安装一挡和二挡同步器

（19）装上一挡齿轮滚针轴承的内圈，如图 3-61 所示。装上一挡同步环、一挡齿轮、一挡齿轮滚针轴承。只要更换了轴承支座、输出轴后轴承、一挡齿轮的滚针轴承内圈、主减速器从动锥齿轮和主动锥齿轮总成中的任何一个零件，就要计算调整垫片 S_3 的值。

（20）装上内后轴承，如图3-62所示。

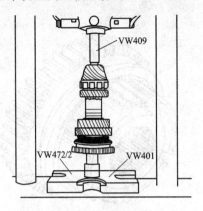

图3-61　安装一挡齿轮滚针轴承的内圈

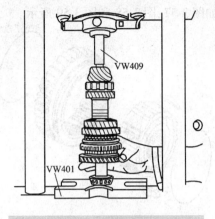

图3-62　安装内后轴承

（21）将输入轴和输出轴装在轴承支座上，将轴承支座装在变速器壳体上。

（22）将变速器后盖装在变速器轴承支座上。

5. 变速器操纵机构的拆装

桑塔纳2000型轿车五挡手动变速器操纵机构分解图如图3-63所示。

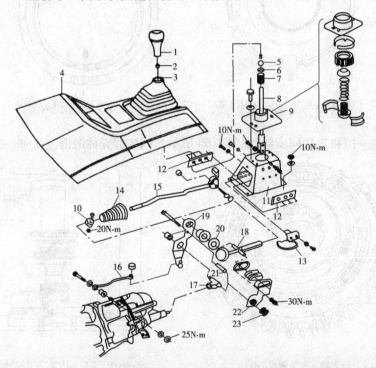

图3-63　桑塔纳2000型轿车五挡手动变速器操纵机构分解图

1-换挡手柄；2-防尘罩衬套；3-防尘罩；4-仪表板；5-锁圈；6-圈；7-弹簧；8-上换挡杆；9-换挡杆支架；10-夹箍；11-变速杆罩壳；12-缓冲垫；13-倒挡缓冲垫；14-密封罩；15-下换挡杆；16-支撑杆；17-离合块；18-换挡连接套；19-轴承右侧压板；20-罩盖；21-支撑轴；22-轴承左侧压板；23-塑料衬套

(1) 上换挡杆的拆卸。拆下换挡手柄,取下防尘罩,取下仪表板,拆下固定在上换挡杆上的弹簧锁圈(注意锁圈一经拆卸,就要更换),取下圈和弹簧,拆下换挡杆支架。拆下变速控制器罩壳,使上、下换挡杆脱离。

(2) 上换挡杆的安装。上换挡杆的安装按照与拆卸相反的顺序进行,但注意以下事项:检查所有零件的完好情况,更换已经损坏的零件;润滑衬套和圈;调整上换挡杆;用快干胶固定换挡手柄。

(3) 换挡杆支架的拆卸。取下换挡手柄和防尘罩,拆下锁圈、圈和弹簧(锁圈一经拆卸,就要更换),拆下换挡杆支架的固定螺栓,取下换挡杆支架。换挡杆支架只有加润滑油时才分解,一旦发现任何零件损坏,就要全部更换。

(4) 换挡杆支架的安装。用润滑脂润滑换挡杆支架内部件,装上换挡杆支架,螺栓不用旋紧,将换挡杆支架上的孔与变速操纵机构罩壳上的孔对准,用 10N·m 的力矩旋紧螺栓。装上弹簧、圈和新的锁圈,检查各挡的啮合情况,装上防尘罩和手柄。

三、学习拓展

(1) 查阅丰田卡罗拉 1.8GLX-i 维修手册,比较卡罗拉 1.8GLX-i 变速器结构和桑塔纳 2000 型轿车变速器结构的区别。

(2) 根据桑塔纳 2000 型轿车变速器拆装步骤,制订丰田卡罗拉 1.8GLX-i 变速器的拆装计划。

四、评价与反馈

1. 自我评价与反馈

(1) 你对本学习任务的学习是否满意?
评价情况:_____

(2) 你能独立完成桑塔纳 2000 型轿车手动变速器的拆卸与装配吗?
评价情况:_____

(3) 你是否知道桑塔纳 2000 型轿车手动变速器的基本组成?
评价情况:_____

(4) 你会正确使用手动变速器拆装过程中涉及的工具吗?
评价情况:_____

签名:_____ _____年_____月_____日

2. 小组评价与反馈

(1) 你们小组在接到任务之后是否讨论过桑塔纳 2000 型轿车手动变速器的拆装计划?
评价情况:_____

(2) 你们小组在拆装桑塔纳 2000 型轿车手动变速器的过程中是否有明确的分工? 相互配合得好吗?
评价情况:_____

（3）你们小组在拆装桑塔纳2000型轿车手动变速器的过程中操作是否规范？评价情况：_____

参与评价的同学签名：_____　_____年_____月_____日

3. 教师评价及答复

_____

_____

教师签名：_____　_____年_____月_____日

五、技能考核标准

序号	项目	作业内容	规定分	评分标准	得分
1	准备工作	工具、用具准备	10分	每漏一项扣1分	
2	总成拆卸	拆卸手动变速器总成	10分	1. 拆卸步骤及顺序错误扣5分； 2. 拆卸方法不正确扣5分； 3. 拆卸不熟练扣5分	
3	总成安装	安装手动变速器总成	10分	1. 装配步骤及顺序错误扣5分； 2. 装配不熟练扣5分	
4	变速机构拆装	变速机构拆装	10分	1. 拆装步骤及顺序错误扣5分； 2. 拆装不熟练扣5分	
5	操纵机构拆装	操纵机构拆装	10分	1. 装配步骤及顺序错误扣5分； 2. 装配不熟练扣5分	
6	质量检查	手动变速器安装质量检查	20分	1. 装配质量稍差扣5分； 2. 装配质量差扣10分； 3. 装配质量很差扣20分； 4. 每漏装或错装一项扣3分； 5. 每返工一次扣5分	
7	回答问题	手动变速器理论知识问题	5分	根据答错情况酌情扣分	
8	操作时间	时间控制在40min内	10分	1. 每超时1min扣2分； 2. 超出规定时间10min按不及格处理	
9	结束工作	考试现场恢复至考前状态	5分	1. 结束工作较差扣2分； 2. 结束工作差扣5分	
10	安全操作文明生产	1. 正确选择和使用工具； 2. 遵循安全操作规程； 3. 保持操作现场整洁； 4. 安全文明操作，无人身、设备、工具的事故	10分	1. 违反安全操作规程按不及格处理； 2. 工具选用不当每次扣2分； 3. 工具使用不当每次扣2分； 4. 零件工具落地每次扣2分； 5. 人为导致机件损坏扣5分，损坏两处以上按不及格处理； 6. 因操作不当发生重大事故的按0分处理	
	总分		100分		

学习任务四　自动变速器的构造与拆装

任务要求

完成本学习任务后,你应该能:
1. 叙述自动变速器的作用、组成和简单工作原理;
2. 叙述自动变速器各主要零部件在汽车上的安装位置;
3. 掌握自动变速器各主要零部件的识别及作用;
4. 按照技术规范正确拆装自动变速器;
5. 对自动变速器的安装质量进行自检。

建议学时:16 学时

任务描述

一辆雷克萨斯 LS400 型轿车装用丰田 A341E 型自动变速器,在自动变速器操纵手柄从 P 挡或 N 挡挂入 D 挡或 R 挡时,汽车会有明显的振动,而在汽车行驶时,自动变速器升挡瞬间,汽车驾驶员也会感到有明显的冲击。经维修人员检查,发现其主油路压力调节阀工作不正常,需要进行维修。

一、理论知识准备

自动变速器是汽车底盘传动系统的重要组成部分。随着汽车工业的不断发展,越来越多的先进技术被应用到汽车上,自动变速器技术就是其中之一。由于自动变速器具有更好的驾驶性能、良好的行驶性能、较好的行车安全性能以及降低废气排放和故障自我诊断功能等优点,越来越多的驾驶者选择了自动变速器汽车。汽车装配自动变速器将是今后汽车发展的一个发展方向。

(一)自动变速器的功用

汽车自动变速器的功用有:传递动力;根据需要使行驶中的汽车自动换挡,自动改变传动比;使汽车能倒退行驶;利用停车挡和空挡使发动机能起动、怠速;利用停车挡使汽车可靠驻停。

（二）自动变速器与手动变速器的比较

1. 自动变速器的优点

（1）自动变速器由于能使行驶中的汽车自动完成挡位变换，使驾驶和换挡轻便，有效地减轻了驾驶员的操作复杂性和劳动强度。

（2）良好的行驶性能提高了汽车的动力性和适应性。

（3）较好的行车安全性提高了汽车平稳性和舒适性。

（4）大大提高了汽车发动机和传动系统的使用寿命。

（5）降低废气排放，减轻空气污染。

（6）故障的自我诊断功能。

2. 自动变速器的缺点

自动变速器的缺点主要有：结构较复杂、维修复杂、制造工艺复杂和维修制造成本高等。

3. 驾驶自动变速器车和手动变速器车的区别

驾驶手动变速器的车辆行车换挡时，左脚必须踩下离合器踏板，右手必须操作变速器操纵手柄才能完成换挡工作，一旦遇到堵车，这样的反复操作会使驾驶员非常疲劳。驾驶自动变速器的车辆行车换挡时，驾驶员总是在不知不觉中就完成了换挡工作，左脚和右手都非常轻松。

（三）自动变速器的分类

1. 按驱动方式不同分类

自动变速器按驱动方式不同可分为前轮驱动式、后轮驱动式和四轮驱动式三大类。

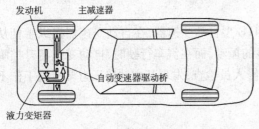

图4-1 前轮驱动式自动变速器示意图

（1）前轮驱动式自动变速器。前轮驱动式自动变速器如图4-1所示。按与发动机连接方式的不同，前轮驱动式自动变速器又可分为横置前驱式、纵置前驱式、L型前驱式三种类型。

①横置前驱式：如一汽大众捷达和宝来01M、广州本田雅阁MAXA及DAXA、丰田佳美A140E、神龙富康AL4、丰田威驰U540E、南京菲亚特派力奥变速器（图4-2）等自动变速器。

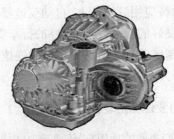

图4-2 南京菲亚特派力奥横置前驱式自动变速器

②纵置前驱式：如一汽大众奥迪 A6 01J（图 4-3）、上海大众帕萨特 B5 01N 及 01V、桑塔纳俊杰 01N、道奇君王 42LE 等自动变速器。

③L 型前驱式：如上海通用别克 4T65-E（图 4-4）、福特风之星 AX4S、雪佛兰鲁米娜 4T60E 等自动变速器。

图 4-3　一汽大众奥迪 A6 纵置前驱式自动变速器　　图 4-4　上海通用别克 4T65-EL 型前驱式自动变速器

（2）后轮驱动式自动变速器。后轮驱动式自动变速器结构如图 4-5 所示。如丰田雷克萨斯 400 A340E、丰田皇冠 A43DL、日产公爵 RE4L01A、大宇王子 AW03-71L、通用雪佛兰 4L60E、奔驰 722.6 等自动变速器。

（3）四轮驱动式自动变速器。四轮驱动式自动变速器结构如图 4-6 所示。如大众奥迪 A8（全时四驱）01V（图 4-6）、丰田吉普 A442F、三菱吉普 V4AW2 等自动变速器。

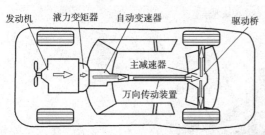 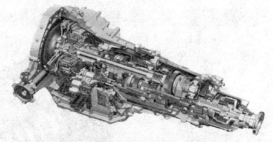

图 4-5　后轮驱动式自动变速器结构示意图　　图 4-6　四轮驱动式自动变速器结构示意图

2. 按控制系统不同分类

自动变速器按控制系统不同可分为全液压控制式（简称 AT）和电子控制式（简称 EAT 或 ECAT）自动变速器两大类，分别如图 4-7、图 4-8 所示。

3. 按齿轮类型不同分类

自动变速器按齿轮类型不同可分为普通齿轮式和行星齿轮式（图 4-9）自动变速器两大类。

4. 按驾驶员的操作方式不同分类

自动变速器按驾驶员的操作方式不同可分为传统式自动变速器和手自一体式自动变速器（图 4-10）两大类。

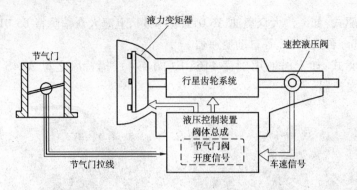

图 4-7 全液压控制式自动变速器示意图

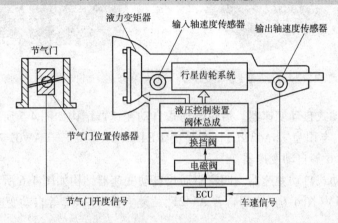

图 4-8 电子控制式自动变速器示意图

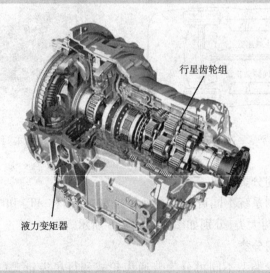

图 4-9 行星齿轮式自动变速器示意图

5. 按传动比变化方式不同分类

自动变速器按传动比变化方式不同可分为有级式、无级式(图 4-11、图 4-12)和综合式自动变速器三大类。

6. 按行星齿轮机构的结构形式不同分类

自动变速器按行星齿轮机构的结构形式不同可分为辛普森式（图 4-13）和拉威娜式（图 4-14）自动变速器两大类。

图 4-10　各种手自一体式自动变速器

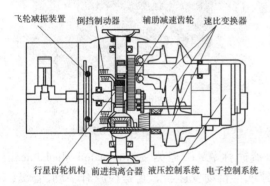

图 4-11　奥迪 01J CVT 的基本组成

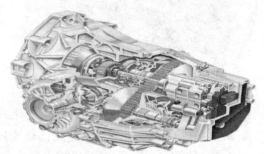

图 4-12　奥迪 multitronic 无级式自动变速器

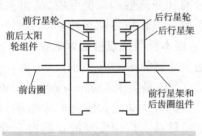

图 4-13　辛普森式自动变速器

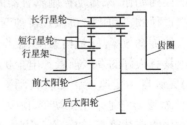

图 4-14　拉威娜式自动变速器

7. 按自动变速器前进挡的挡位数不同分类

自动变速器按其前进挡的挡数不同可分为二挡式、三挡式、四挡式、五挡式、六挡式等。目前，比较常见的是四挡和五挡式自动变速器。某些高级轿车（如丰田皇冠、宝马 7 系、奥迪 A8 等轿车）装配了六挡自动变速器，在奔驰等少数高级轿车上还装配有七挡（图 4-15）甚至八挡自动变速器。

8. 按自动变速器采用的新技术不同分类

自动变速器按采用的新技术不同可分为双离合器式自动变速器(简称 DCT)、机械式自动控制变速器(简称 AMT)、无级变速器(简称 CVT)等。

(1)双离合器式自动变速器。双离合器式自动变速器简称 DCT,是英文 Dual Clutch Transmission 的缩写。双离合系统具有两套离合器传动系统,通过电脑控制协调工作,离合器与变速器装配在同一机构内,两个离合器互相配合工作。这好比一辆汽车有两套离合器,正驾驶员控制一套,副驾驶员控制另一套。正驾驶员挂上 1 挡松开离合踏板起步时,这时副驾驶员也预先挂上 2 挡但踩住离合器踏板,当车速起来准备换挡,正驾驶员踩下离合踏板的同时副驾驶员立刻松开离合踏板,变速器迅速进入 2 挡开始工作,这样就使挡位空置的短暂时间消除,便于实现动力传递的连续,两个离合器的工作过程就像接力赛似的,如图 4-16 所示。

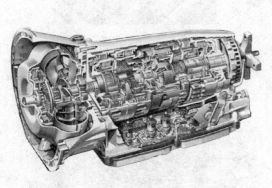

图 4-15 奔驰七挡手自一体式自动变速器　　图 4-16 双离合器式自动变速器

(2)机械式自动变速器。机械式自动变速器简称 AMT,是英文 Automated Mechanical Transmission 的缩写,又称为电控机械式自动变速或半自动变速器。它是在原有手动、有级、普通齿轮变速器的基础上通过加装特殊的电控单元控制装置,取代原机械变速器由人工操作完成的换挡动作,来自动控制离合器的接合、分离和变速器挡位的变换,从而实现变速器内部换挡过程的自动化。机械式自动变速器由于原有的机械传动结构基本不变,所以齿轮传动固有的传动效率高、机构紧凑、工作可靠、制造成本低等优点被很好地保留了下来,在重型汽车上具有很好的发展前景。电控机械式自动变速器如图 4-17 所示。

(3)无级自动变速器。无级自动变速器简称 CVT,是英文 Continuously Variable Transmission 的缩写。它是采用传动带和工作直径可变的主、从动轮相配合来传递动力的,可以实现传动比的连续改变,如图 4-18 所示。这也是一种具有广阔发展前景的自动变速器,在汽车上的应用现在已具有一定的市场份额。目前,常见的无级自动变速器有奥迪 A6 的 Multitronic 无级自动变速器、派力奥的 Speedgear 无级自动变速器、旗云的 VT1 无级自动变速器等。

(四)自动变速器基本组成

现代自动变速器种类很多,不同种类各有差异,但大多数主要由液力变矩器、变速齿轮机构、液压控制系统、电子控制系统、换挡操纵机构、供油系统等六大部分组成,如图4-19所示。

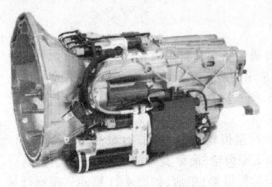

图4-17 电控机械式自动变速器　　　　图4-18 无级式自动变速器

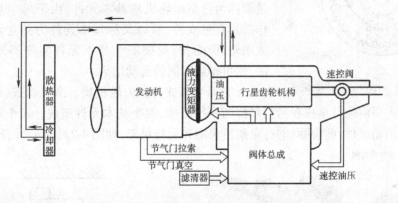

图4-19 自动变速器的基本组成示意图

1. 液力变矩器

液力变矩器主要由泵轮、涡轮、导轮、导轮单向离合器、锁止离合器等组成,如图4-20所示。液力变矩器位于自动变速器的最前端,安装在发动机的飞轮上,其作用与采用手动变速

图4-20 液力变矩器的组成

器的汽车中的离合器相似。它利用油液循环流动过程中动能的变化将发动机的动力传递到自动变速器的输入轴,并能根据汽车行驶阻力的变化,在一定范围内自动地、无级地改变传动比和扭矩比,具有一定的减速增扭功能。

2. 变速齿轮机构

自动变速器中的变速齿轮机构主要采用普通齿轮式和行星齿轮式(图4-19)两种。目前,绝大多数轿车自动变速器中的齿轮变速器采用的是行星齿轮式。行星齿轮式变速齿轮机构又分为辛普森式和拉威娜式两种(图4-13、图4-14),而两种行星齿轮机构分别都由行星齿轮机构和换挡执行机构两部分组成。

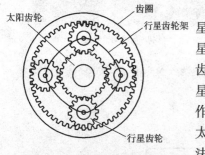

图4-21 单排行星齿轮机构的组成

(1)单排行星齿轮机构。单排行星齿轮机构简称行星排,主要由太阳齿轮(简称太阳轮)、齿圈、行星齿轮、行星齿轮架(简称行星架)组成,如图4-21所示。根据行星齿轮机构的工作原理通常将行星排中的太阳轮、齿圈、行星架称为行星齿轮机构基本元件,由于每个基本元件工作时具有独立性,所以又称基本元件为独立元件。若对太阳轮、齿圈、行星架三个基本元件实施不同的控制方法,便可得到不同的传动结果。

(2)辛普森式行星齿轮机构。辛普森式(Simpson)行星齿轮机构主要由前行星排和后行星排两个行星排,四个基本元件组成。四个基本元件分别是前后太阳轮组件、前齿圈、前行星架后齿圈和后行星架,如图4-22、图4-23所示。

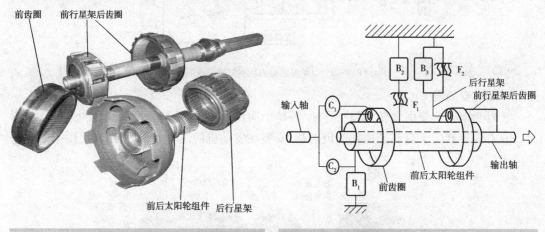

图4-22 辛普森式行星齿轮机构实物图　　　图4-23 辛普森式行星齿轮机构工作原理图

(3)拉威娜式行星齿轮机构。拉威娜式(Ravigneaux)行星齿轮机构又称拉维奈尔赫式行星齿轮机构。该齿轮机构主要由前行星排和后行星排两个行星排,四个基本元件组成。四个基本元件分别是前太阳轮、后太阳轮、前后齿圈组件、前后行星架组件,如图4-24所示。

3. 液压控制系统

(1)液压控制系统的作用。液压控制系统的主要作用是:建立系统所需的主油路油压及润滑油压,根据不同工况调节不同油压,为液力变矩器提供传动介质,通过各种控制阀的工作驱动各个换挡执行元件,从而实现变速器自动换挡。

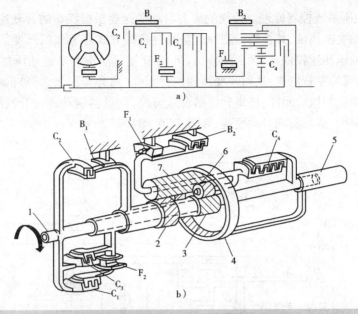

图4-24 拉威娜式行星齿轮机构的组成

1-输入轴；2-大太阳轮；3-小太阳轮；4-齿圈；5-输出轴；6-短行星齿轮；7-长行星齿轮；C_1-前进离合器；C_2-倒挡合器；C_3-前进强制离合器；C_4-高速挡离合器；B_1-2挡4挡制动器；B_2-低挡倒挡制动器；F_1-低挡单向离合器；F_2-前进挡单向离合器

（2）液压控制系统的组成。液压控制系统主要由油压控制装置、换挡控制装置、变矩器锁止控制装置三大部分组成，如图4-25所示。

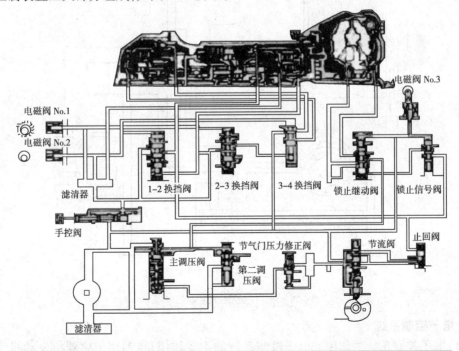

图4-25 液压控制系统的组成

(3)液压控制系统控制原理。传统的液力自动变速器根据汽车的行驶速度和节气门开度的变化来自动变换挡位,其换挡控制原理是通过机械方式将节气门开度信号和车速信号转换成节气门油压和速控油压(车速油压),并将节气门油压和车速油压加到换挡阀的两端,以控制换挡阀的左右位置,从而改变换挡执行元件(离合器和制动器)的油路。这样,工作液压油进入相应的执行元件,使离合器结合或分离,制动器制动或松开,控制行星齿轮变速器的升挡或降挡,从而实现自动变速,如图4-26、图4-27所示。

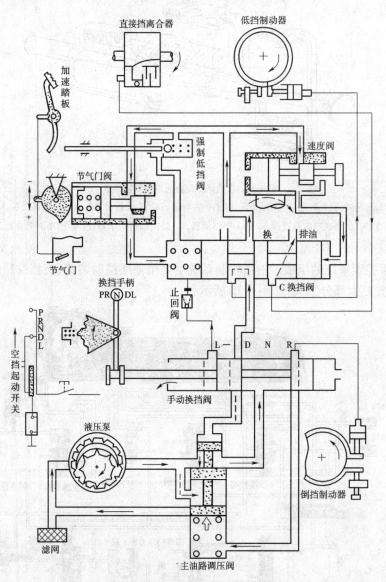

图4-26 液压控制系统的控制原理(一)

4. 电子控制系统

(1)电子控制系统的作用。电子控制系统的主要作用是:利用传感器将发动机节气门位置、汽车行驶速度和各种影响发动机、变速器工作的参数转换为电信号,送到电子控制系

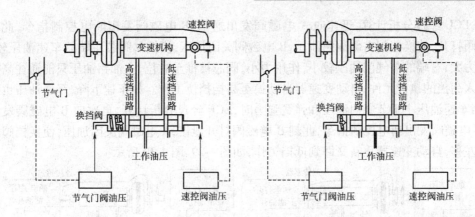

图 4-27 液压控制系统的控制原理(二)

统中,经过计算机对输入信号进行处理,与计算机内储存的数据进行比较,发出正确的操作指令,控制液压系统中的电磁阀动作,调节换挡液压回路的油液压力,控制各个换挡执行元件动作,从而实现换挡时机的精确控制。

(2)电子控制系统的组成。电子控制系统主要由电子控制单元 ECU、传感器、执行器三大部分组成,如图 4-28 所示。

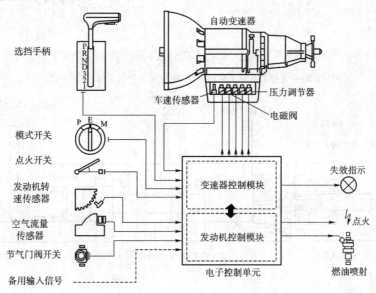

图 4-28 电子控制系统的组成

(3)电子控制系统控制原理。电控液力自动变速器是在液力自动变速器基础上增设电子控制系统而形成的。电子控制单元 ECU 反复不断接收到节气门位置传感器、车速传感器等其他传感器及开关电信号,当车速较低而发动机节气门开度较大时,ECU 经过分析计算,迅速向 B 电磁阀发出通电控制指令,B 电磁阀打开,使换挡阀左侧油路泄压,换挡阀阀芯右端的节气门阀油压较高,作用力大,左端的调速阀油压较小,作用力小,阀芯被推至左位,主油路油压只能通往低挡油路进入低挡的执行元件,自动变速器在低挡挡位工作。当车速增大时,阀芯左端的调速阀油压随之升高,作用力增大。当压力增至大于节气门油压和弹簧弹力时,ECU经过分析计算,迅速向A电磁阀发出通电、B电磁阀发出断电控制指令,此刻A电磁阀打开,使换挡阀右侧油路泄压,B电磁阀关闭加压,换挡阀阀芯左端的车速油压较高,作用力大,右端的节气门油压较小,作用力小,阀芯被推至右位,主油路油压只能通往高挡油路进入高挡的执行元件,自动变速器自动换至高挡挡位工作。如车速下降,车速油压也会降低,当车速油压小于节气门油压和弹簧弹力时,ECU经过分析计算,再次向B电磁阀发出通电、A电磁阀发出断电控制指令,此刻B电磁阀打开泄压,A电磁阀关闭加压,使换挡阀阀芯再次左移,自动变速器重新又回到低挡工作,如图4-29、图4-30所示。

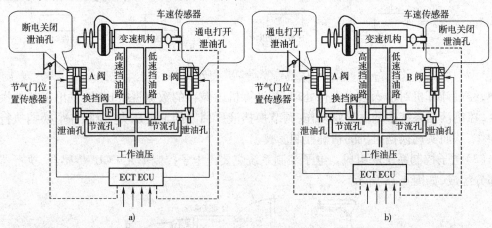

图4-29 电子控制系统的工作原理
a)电控自动变速器低速工作状态;b)电控自动变速器高速工作状态

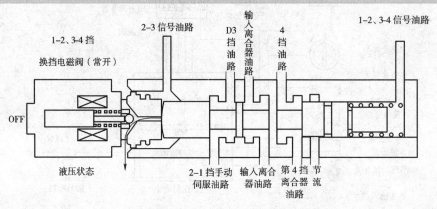

图4-30 自动变速器换挡原理图

5. 换挡操纵机构

(1)换挡操纵机构的作用。换挡操纵机构的作用是通过驾驶员的操纵改变车辆的行驶方式。

(2)换挡操纵机构的组成。换挡操纵机构主要由手动选择阀的操纵机构和节气门阀的操纵机构两部分组成,如图4-31所示。

(3)换挡操纵机构的工作原理。自动变速器的换挡操纵机构包括手动选择阀的操纵机构和节气门阀的操纵机构等。驾驶员通过自动变速器的操纵手柄改变阀板内的手动阀阀芯

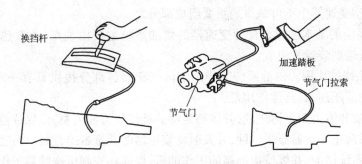

图 4-31 换挡操纵机构的组成

位置,控制系统根据手动阀的位置及节气门开度、车速、控制开关的状态等因素,利用液压自动控制原理或电子自动控制原理,按照一定的规律控制齿轮变速器中的换挡执行机构的工作,从而实现自动换挡。自动变速器换挡操纵手柄如图 4-32 所示。

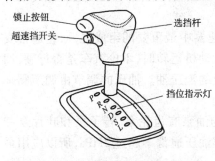

图 4-32 自动变速器换挡操纵手柄

通常自动变速器的挡位分为 P 挡、R 挡、N 挡、D 挡、S 挡、L 挡等。

P(Parking)挡位:驻车挡,又称停车挡或锁止挡,它是通过用机械装置锁止变速器输出轴的方法,使汽车不能移动。所以,车辆一定要在完全停止时才可使用 P 挡,否则,自动变速器机械部分会被损坏。自动变速器装置有空挡起动开关,使得汽车只能在 P 挡或 N 挡时才能起动发动机,以避免在其他挡位上误起动时造成汽车突然前窜。

R(Reverse)挡位:倒挡,供车辆倒车时使用。需要注意的是,当车辆还未完全停住时,绝对不可以强行转至 R 挡,否则,变速器会受到严重损坏。

N(Neutral)挡位:空挡,将选挡杆置于 N 挡,可以起动发动机,如遇堵车或红灯停车时间稍长,可将选挡杆置于 N 挡,拉住驻车制动,右脚可移离制动踏板稍作休息。

D(Drive)挡位:前进挡,用在一般道路的正常行驶。当车辆正常行驶时,自动变速器选挡杆置于 D 位置时,AT 将根据车速及负荷的变化在 1 挡和最高挡之间自动地来回转换。将选挡杆放置在 D 挡上,驾车者控制车速快慢只要控制好加速踏板就可以了。

S(Second Gear)挡位:前进低挡位,又称 2 挡。当车辆正常行驶时,自动变速器选挡杆置于 S 位置时,AT 将根据车速及负荷的变化只能在 1 挡和 2 挡之间自动地来回转换,不能自动升入高挡。S 挡具有发动机制动功能,通常主要在汽车下长坡、弯道较多的山区道路及较差路面行车时使用。

L(First Gear)挡位:前进低挡位,又称 1 挡。当车辆正常行驶时,自动变速器选挡杆置于 L 位置时,AT 将只能固定在 1 挡行驶而不能变换到其他挡位。L 挡具有发动机制动功能,主要在汽车下长陡坡、上陡坡、严重交通堵塞、冰雪路面、松软土路或根本无路的行车情况下使用。

6. 供油系统

自动变速器离不开液压系统,而液压系统的液压油是由供油系统所提供的,因此,供油系统是汽车自动变速器中不可缺少的重要组成部分之一。

（1）供油系统的基本组成。自动变速器的供油系统主要由油泵、油散热器、油底壳、滤清器、调压阀及辅助装置等组成。

（2）供油系统的作用。供油系统的作用是向变速器各部分提供具有一定油压、足够流量、合适温度的液压油，其具体作用是：

①给变速器和液力变矩器供油，并维持足够的补偿压力和流量，以保证液力元件完成传递动力的功能；防止变矩器产生气蚀，并及时将变矩器的热量带走，以保持正常的工作温度。

②向控制系统供油，并维持主油路的工作油压，保证各控制机构顺利工作。

③保证换挡执行元件的供油，以满足自动换挡等的操纵需要。

④为变速器齿轮、轴承、止推垫片、换挡执行元件等各运动零件提供润滑用油，并保证正常的润滑油温度。

⑤通过油液的循环散热冷却，使整个自动变速器的发热量得以改善，使变速器始终保持在合适的温度范围内工作。

（3）供油油泵的结构与工作原理。油泵是自动变速器中最重要的组成之一，它通常安装在变矩器的后方，由变矩器壳后端的轴套驱动。在发动机运转时，不论汽车是否行驶，油泵都在运转，为自动变速器中的各大系统提供一定油压的液压油。油压的调节由调压阀来实现。

（4）油泵的分类。在变速器的供油系统中，常用的油泵有齿轮泵、转子泵和叶片泵三种。由于自动变速器的液压系统属于低压系统，其工作油压通常不超过2MPa，所以应用最广泛的仍然是齿轮泵。

①内啮合齿轮泵的结构与工作原理。内啮合齿轮泵主要由外齿齿轮、内齿齿轮、月牙形隔板，泵壳、泵盖等组成，如图4-33所示。

图4-33 典型的齿轮泵

内啮合齿轮泵的工作原理如图4-34所示。月牙形隔板将内齿轮与外齿轮之间空出的容积分隔成两个部分，在齿轮旋转时，齿轮的轮齿由啮合到分离的那一部分，其容积由小变大，称为吸油腔；齿轮由分离进入啮合的那一部分，其容积由大变小，称为压油腔。由于内、外齿轮的齿顶和月牙形隔板的配合是很紧密的，所以吸油腔和压油腔是互相密封的。当发动机运转时，变矩器壳体后端的轴套带动小齿轮和内齿轮一起朝图中顺时针方向运转，此时在吸油腔内，由于外齿轮和内齿轮不断退出啮合，容积不断增加，以致形成局部真空，将油盘中的液压油从进油口吸入，且随着齿轮旋转，齿间的液压油被带到压油腔；在压油腔，由于小齿轮和内齿轮不断进入啮合,容积不断减少,将液压油从出油口排出。油液就这样源源不断地输往液压系统。

②摆线转子泵的结构与工作原理。摆线转子泵由一对内啮合的转子、泵壳和泵盖等组成,如图4-35所示。

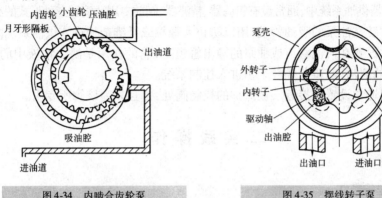

图4-34 内啮合齿轮泵　　　　　图4-35 摆线转子泵

发动机运转时,带动油泵内外转子朝相同的方向旋转。内转子为主动齿,外转子的转速比内转子每圈慢一个齿。内转子的齿廓和外转子的齿廓是一对共轭曲线,它能保证在油泵运转时,不论内外转子转到什么位置,各齿均处于啮合状态,即内转子每个齿的齿廓曲线上总有一点和外转子的齿廓曲线相接触,从而在内转子、外转子之间形成与内转子齿数相同个数的工作腔。这些工作腔的容积随着转子的旋转而不断变化,当转子朝顺时针方向旋转时,内转子、外转子中心线的左侧的各个工作腔的容积由大变小,将液压油从出油口排出。这就是转子泵的工作过程。

③叶片泵的结构与工作原理。叶片泵由定子、转子、叶片、壳体及泵盖等组成,如图4-36所示。

当转子旋转时,叶片在离心力或叶片底部的液压油压力的作用下向外张开,紧靠在定子内表面上,并随着转子的转动,在转子叶片槽内做往复运动。这样,在每两个相邻叶片之间便形成密封的工作腔。如果转子朝顺时针方向旋转,在转子与定子中心连线的右半部的工作腔容积便逐渐减小,将液压油从出油口压出。这就是叶片泵的工作过程。

(5)油散热器。油散热器通常安装在发动机散热器前,通过汽车行驶的迎面风及风扇风对油液进行冷却降温,使变速器始终保持在合适的温度范围内工作。

(6)辅助装置。自动变速器供油系统中除了油泵及各种流量控制阀外,还包括许多辅助装置。这里仅就油箱和滤清器作一些简单介绍。

①油箱。自动变速器的油箱,常见的形式有总体式和分离式两类。前者与自动变速器连成一体,直接把变速器的油底壳作为油箱使用。后者则分开独立布置,由管道与变速器连通。

②滤清器。自动变速器由于液压系统零件的高精密度

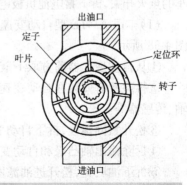

图4-36 叶片泵

及工作性能的灵敏度，使其对油液的清洁程度要求极高。经过长期使用后，由于油液变质、零件磨损颗粒进入、摩擦衬面剥落、密封件磨损脱落、空气中的尘埃颗粒进入以及其他情况都可能使油液污染，而导致各种故障的发生，如滑阀受卡、节流孔堵塞、随动滑阀失灵等，因此，应采用多种措施对油液进行严格过滤。

在自动变速器供油系统中，通常设有粗滤器、精滤器、阀前专用滤清器三种形式的滤油装置。

粗滤器通常装在油泵的吸油管端，用以防止大颗粒或纤维杂物进入供油系统。

精滤器通常设置在回油管道或油泵的输出管道上，它的作用是滤去油液中的各种微小颗粒，提高油液的清洁度，避免颗粒杂物进入控制系统。

阀前滤清器通常设置在接近于被保护的控制阀处，并且只为该阀所专用。

二、实践操作

（一）实践准备条件

雷克萨斯 LS400 轿车底盘或丰田 A341E 型自动变速器总成拆装架数台，常用工具、专用工具各 1 套，工具盆、零件盆、干净的抹布、维修手册和工单等。

（二）注意事项

（1）必须掌握自动变速器的构造及工作原理，熟悉维修手册。
（2）正确选用和使用相应的工具和设备。
（3）拆卸时，所拆总成、零部件应按结构连接关系、材质分类、拆装顺序、合理摆放于零件盆内，拆卸时应考虑装配过程，做好装配准备工作。

（三）操作步骤

1. 丰田 A341E 型自动变速器的拆卸

自动变速器的拆卸方法和普通齿轮变速器有所不同，必须按照正确的步骤进行，以避免损坏自动变速器。

丰田 A341E 型自动变速器的外围连接如图 4-37 所示。在拆卸自动变速器之前，应关闭汽车的点火开关，拆下蓄电池负极电缆，放掉自动变速器中的液压油，然后按下列步骤进行拆卸。

（1）丰田 A341E 型自动变速器拆卸与分解。丰田 A341E 型自动变速器拆卸与分解如图 4-38 所示。

①从自动变速器前方取下液力变矩器。
②拆除所有安装在自动变速器壳体上的部件，如加油管、挡位开关、车速传感器、输入轴、传感器等。
③松开紧固螺栓，拆下自动变速器前端的变矩器壳。
④拆除输出轴凸缘和自动变速器后端壳，从输出轴上拆下车速传感器感应转子。
⑤拆下油底壳，松开进油滤网与阀板之间的固定螺栓，从阀板上拆下进油滤网。
⑥拔下连接在阀板上的所有线束插头，拆除与节气门阀连接的节气门拉索，松开阀板与

学习任务四 自动变速器的构造与拆装

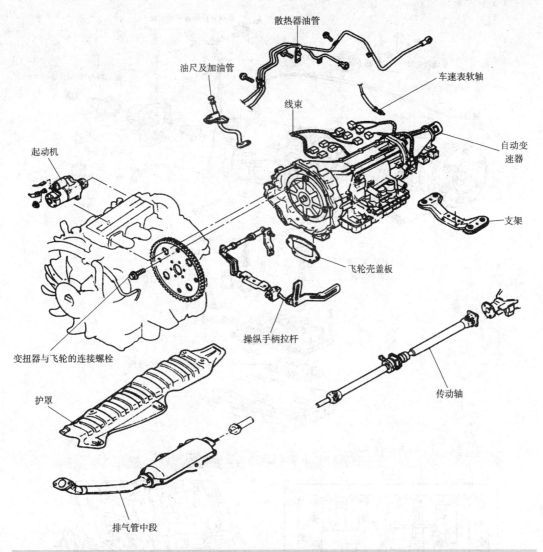

图 4-37 丰田 A341E 型自动变速器的外围连接

自动变速器壳体之间的固定螺栓,如图 4-39 所示,取下阀板总成。阀板上的螺栓除一部分是固定在自动变速器壳体上之外,还有许多是上下阀板之间的固定螺栓。在拆卸阀板总成时,应对照维修手册,认准阀板与自动变速器壳体之间的固定螺栓。有些自动变速器的阀板与自动变速器壳体之间有油管连接(如 A340E 自动变速器),对此,可先用螺丝刀将油管撬起后再拆下阀板总成,如图 4-40 所示。

⑦取出自动变速器壳体油道中的止回阀和弹簧,如图 4-41a)所示。

⑧取出自动变速器壳体上的减振器活塞。方法是:用手指按住减振器活塞,从减振器活塞周围相应的油孔中吹入压缩空气,如图 4-41b)所示,将减振器活塞吹出。

(2)拆卸油泵总成。

①拆下油泵周围的固定螺栓。

②用专用拉具拉出油泵总成,如图 4-42 所示。

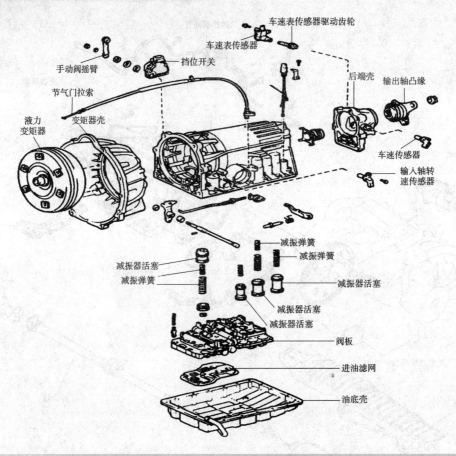

图 4-38　A341E 自动变速器分解

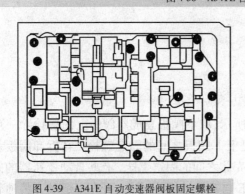

图 4-39　A341E 自动变速器阀板固定螺栓

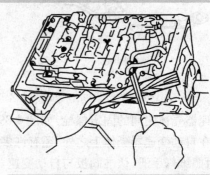

图 4-40　拆除阀板与壳体之间的油管

（3）分解行星齿轮变速器，如图 4-43 所示。

①从自动变速器前方取出超速行星架和直接离合器组件及超速齿圈。

②拆卸超速制动器：用螺丝刀拆下超速制动器卡环，取出超速制动器钢片和摩擦片。拆下超速制动器鼓的卡环，松开壳体上的固定螺栓，用拉具拉出超速制动器鼓，如图 4-44a)所示。

③拆卸 2 挡强制制动带活塞：从外壳上拆下 2 挡强制制动带液压缸缸盖卡环，用手指按住液压缸缸盖，从液压缸进油孔中吹入压缩空气，将液压缸缸盖和活塞吹出，如图 4-44b)所示。

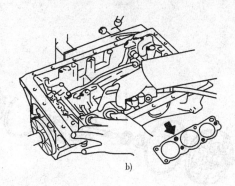

图 4-41　取出油道中的止回阀和减振器活塞

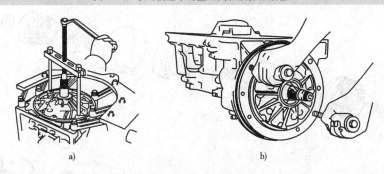

图 4-42　拆卸油泵
a)用拉具拉出油泵；b)用惯性锤拉出油泵

④取出中间轴、高挡及倒挡离合器和前进离合器组件。

⑤拆出 2 挡强制制动带销轴，取出制动带。

⑥拆出前行星排：取出前齿圈，将自动变速器立起，用木块垫住输出轴，拆下前行星架上的卡环，如图 4-45 所示，拆出前行星架和行星轮组件。

⑦取出前后太阳轮组件和低挡单向超越离合器。

⑧拆卸 2 挡制动器：拆下卡环，取出 2 挡制动器的所有摩擦片、钢片及活塞衬套。

⑨拆卸输出轴、后行星排和低挡及倒挡制动器组件：拆下卡环，抓住输出轴，取出输出轴、后行星排、前进单向超越离合器、低挡及倒挡制动器和 2 挡制动器鼓组件。

在分解自动变速器时，应将所有组件和零件按分解顺序依次排放，以便于检修和组装。要特别注意各个止推垫片、止推轴承的位置，不可错乱。

2. 丰田 A-341E 型自动变速器的安装

在将自动变速器装上汽车之前，应先测量液力变矩器前端面（与飞轮的接合平面）与自动变速器前端面之间的距离（图 4-46），标准值为 17.1mm。若测得的距离小于标准值，说明液力变矩器未安装到位，其后端轴套上的缺口未插入油泵驱动齿轮中间的凸块内。对此，应取出液力变矩器，让液力变矩器后端轴套上的缺口与油泵驱动齿轮中间的凸块对准后装入，使其安装到位；否则，在装上汽车时会压坏自动变速器的油泵齿轮。

按拆卸时的相反顺序将自动变速器安装上汽车。注意在安装时一定要让自动变速器前端面与发动机飞轮壳后端面完全贴合后才能锁紧固定螺栓，以防损坏自动变速器的油泵齿轮。

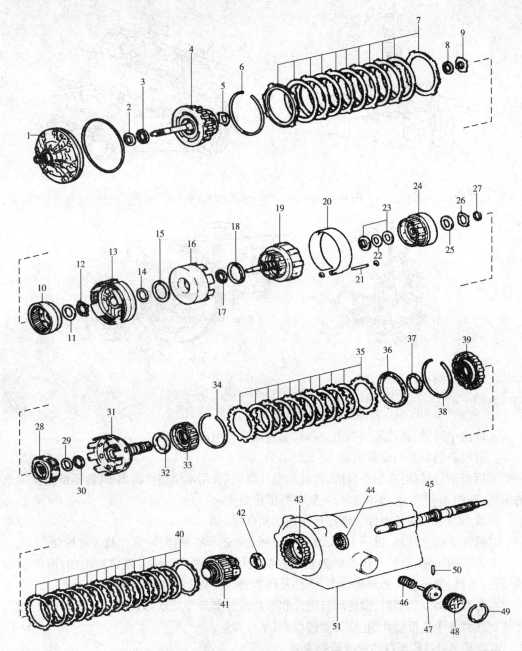

图4-43 A341E自动变速器分解

1-油泵；2、5、9、11、14、23、26、29-止推垫片；3、8、12、17、22、25、30、42、44-止推轴承；4-超速行星架和直接离合器组件；6、27、34、38、49-卡环；7-超速制动器钢片和摩擦片；10-超速齿圈；13-超速制动器鼓；15、18、32、37-尼龙止推垫圈；16-倒挡及高挡离合器组件；19-前进离合器组件；20-2挡强制制动带；21-制动带销轴；24-前齿圈；28-前行星架；31-前后太阳轮组件；33-2挡单向超越离合器；35-2挡制动器摩擦片和钢片；36-活塞衬套；39-2挡制动器鼓；40-低挡及倒挡制动器摩擦片和钢片；41-后行星架和行星轮组件；43-后齿圈；45-输出轴；46-弹簧；47-2挡强制制动带活塞；48-2挡强制制动带液压缸缸盖；50-超速速制动鼓进油孔油封；51-变速器壳体

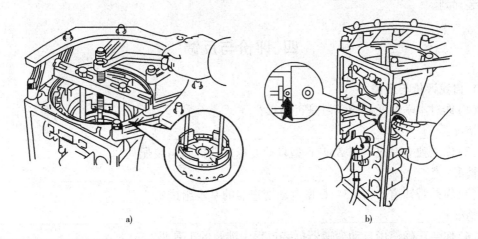

图4-44　超速制动器鼓和2挡强制制动带活塞拆卸

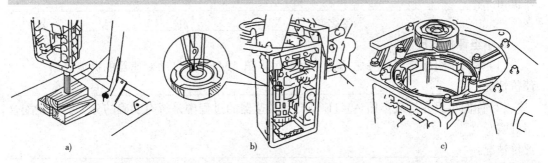

图4-45　前行星排拆卸
a)立起自动变速器；b)拆下卡环；c)拆出前行星架

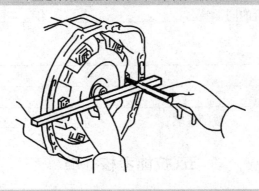

图4-46　自动变速器前端面与液力变矩器前端面距离测量

三、学习拓展

(1)查阅上海大众帕萨特B5维修手册,比较帕萨特B5轿车01N型自动变速器结构和丰田A341E型自动变速器结构的区别。

(2)根据丰田A341E型自动变速器拆装步骤,制订出帕萨特B5轿车01N型自动变速器拆装计划。

四、评价与反馈

1. 自我评价与反馈

(1)你对本学习任务的学习是否满意？

评价情况：_____

(2)你能独立完成丰田A341E型自动变速器的拆卸与装配吗？

评价情况：_____

(3)你是否知道丰田A341E型自动变速器的基本组成？

评价情况：_____

(4)你会正确使用自动变速器拆装过程中涉及的工具吗？

评价情况：_____

签名：_____ _____年_____月_____日

2. 小组评价与反馈

(1)你们小组在接到任务之后是否讨论过丰田A341E型自动变速器的拆装计划？

评价情况：_____

(2)你们小组在拆装丰田A341E型自动变速器的过程中是否有明确的分工？相互配合得好吗？

评价情况：_____

(3)你们小组在拆装丰田A341E型自动变速器的过程中操作是否规范？

评价情况：_____

参与评价的同学签名：_____ _____年_____月_____日

3. 教师评价及答复

_____

_____

教师签名：_____ _____年_____月_____日

五、技能考核标准

序号	项目	作业内容	规定分	评分标准	得分
1	准备工作	工具、用具准备	10分	每漏一项扣1分	
2	总成拆卸	拆卸丰田A341E型自动变速器	20分	1.拆卸步骤及顺序错误扣10分； 2.拆卸方法不正确扣10分； 3.拆卸不熟练扣10分	
3	总成安装	安装丰田A341E型自动变速器	20分	1.装配步骤及顺序错误扣10分； 2.装配不熟练扣10分	

续上表

序号	项目	作业内容	规定分	评分标准	得分
4	质量检查	丰田 A341E 型自动变速器安装质量检查	20分	1. 装配质量稍差扣5分； 2. 装配质量差扣10分； 3. 装配质量很差扣20分； 4. 每漏装或错装一项扣3分； 5. 每返工一次扣5分	
5	回答问题	丰田 A341E 型自动变速器理论知识问题	5分	根据答错情况酌情扣分	
6	操作时间	时间控制在30min内	10分	1. 每超时1min扣2分； 2. 超出规定时间10min按不及格处理	
7	结束工作	考试现场恢复至考前状态	5分	1. 结束工作较差扣2分； 2. 结束工作差扣5分	
8	安全操作文明生产	1. 正确选择和使用工具； 2. 遵循安全操作规程； 3. 保持操作现场整洁； 4. 安全文明操作，无人身、设备、工具的事故	10分	1. 违反安全操作规程按不及格处理； 2. 工具选用不当每次扣2分； 3. 工具使用不当每次扣2分； 4. 零件工具落地每次扣2分； 5. 人为导致机件损坏扣5分，损坏两处以上按不及格处理； 6. 因操作不当发生重大事故的按0分处理	
	总分		100分		

学习任务五 万向传动装置的构造与拆装

任务要求

完成本学习任务后,你应该能:
1. 叙述万向传动装置的作用、组成和工作原理;
2. 叙述万向传动装置各主要零部件在汽车上的安装位置及分类;
3. 掌握万向传动装置各主要零部件的识别及作用、工作原理;
4. 按照技术规范正确拆装传动轴总成;
5. 对万向传动装置的安装质量进行自检。

建议学时:6学时

任务描述

一辆2009款丰田卡罗拉1.8L GL-i型手动挡轿车右万向传动装置工作不良,且转向时伴随有金属摩擦声,经维修人员检查,发现其右侧球笼式万向节磨损过甚,需要更换万向节。

一、理论知识准备

万向传动装置是汽车底盘传动系统的组成部分。通过对本学习任务的学习,可以了解万向传动装置的作用、分类、组成、工作原理、各主要零部件在汽车上的安装位置及各主要零部件的识别等,同时,还可掌握万向传动装置的拆装方法、拆装技巧和注意事项。通过对万向传动装置的学习,请你按照万向传动装置的技术工艺要求制订出更换拆装计划,并在更换装配好后,对装配质量进行自检。

(一)万向传动装置的功用

万向传动装置的作用是在轴间夹角和轴的相互位置经常发生变化的转轴之间继续传递动力,如图5-1所示。

(二)万向传动装置的组成

万向传动装置主要由万向节、传动轴、中间支承等组成,如图5-2所示。

学习任务五　万向传动装置的构造与拆装

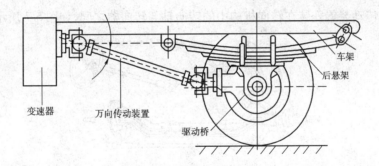

图5-1　万向传动装置的功用

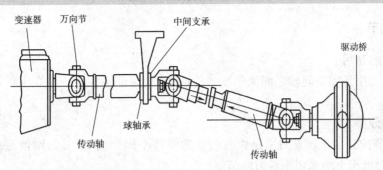

图5-2　万向传动装置的组成

在汽车传动系及其他系统中,为了实现一些轴线相交或相对位置经常变化的转轴之间的动力传递,必须采用万向传动装置。

(三)万向传动装置在汽车上的安装位置

(1)万向传动装置安装在变速器与驱动桥之间(4×2),如图5-3所示。
(2)万向传动装置安装在变速器与分动器,分动器与驱动桥之间,如图5-4所示。

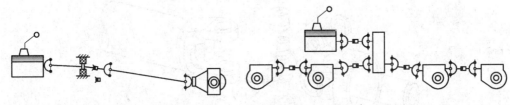

图5-3　万向传动装置安装在变速器与驱动桥之间　　图5-4　万向传动装置安装在变速器与分动器,分动器与驱动桥之间

(3)万向传动装置安装在转向驱动桥的内、外半轴之间,如图5-5所示。
(4)万向传动装置安装在断开式驱动桥的半轴之间,如图5-6所示。

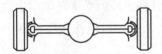 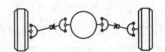

图5-5　万向传动装置安装在转向驱动桥的内、外半轴之间　　图5-6　万向传动装置安装在断开式驱动桥的半轴之间

(5) 万向传动装置安装在转向机构中的转向轴与转向器之间,如图 5-7 所示。

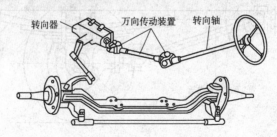

图 5-7　万向传动装置安装在转向机构中的转向轴与转向器之间

(四)万向节

1. 万向节的功用

万向节的功用是实现转轴之间变角度的传递动力,保证不在同一轴线上的两轴之间可靠地传递动力。

2. 万向节分类

(1)万向节按其在扭转方向上是否有明显的弹性不同分类,可分为刚性万向节和挠性万向节两种,而汽车上均采用刚性万向节。

(2)刚性万向节按其传递速度的均匀性不同分类,可分为不等速万向节、准等速万向节、等速万向节三大类。

①不等速万向节。十字轴式刚性万向节是汽车上广泛使用的不等速万向节,允许相邻两轴的最大交角为 15°~20°。十字轴式万向节由一个十字轴、两个万向节叉和四个滚针轴承等组成。两万向节叉上的孔分别套在十字轴的两对轴颈上。这样,当主动轴转动时,从动轴既可随之转动,又可绕十字轴中心在任意方向摆动,如图 5-8 所示。

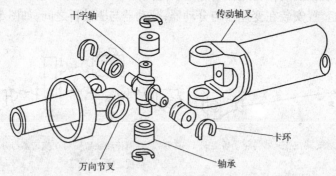

图 5-8　十字轴式刚性不等速万向节的组成

在十字轴轴颈和万向节叉孔间装有滚针轴承。滚针轴承外圈靠卡环轴向定位。为了润滑轴承,十字轴上一般安有注油嘴并有油路通向轴颈。润滑油可从注油嘴注到十字轴轴颈的滚针轴承处,如图 5-9 所示。

十字轴式刚性万向节具有结构简单、传动效率高的优点,但在两轴夹角 α 不为零的情况下,不能传递等角速转动。

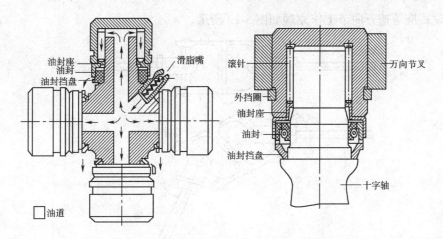

图 5-9　十字轴润滑油道及密封定位装置

当满足以下两个条件时,可以实现由变速器的输出轴到驱动桥的输入轴的等角速转动。

a. 传动轴两端万向节叉处于同一平面内。

b. 第一万向节两轴间夹角 α_1 与第二万向节两轴间夹角 α_2 相等,如图 5-10 所示。

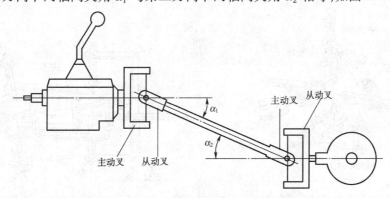

图 5-10　两个不等速万向节等速传动布置图

②准等速万向节。常见的准等速万向节有双联式和三销轴式两种,它们的工作原理与上述双十字轴式万向节实现等速传动的原理是一样的。

a. 双联式准等速万向节。双联式准等速万向节的结构如图 5-11 所示。

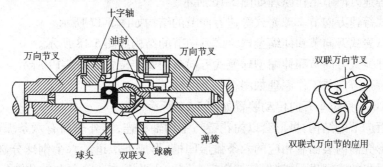

图 5-11　双联式准等速万向节的组成

双联式准等速万向节工作原理如图 5-12 所示。

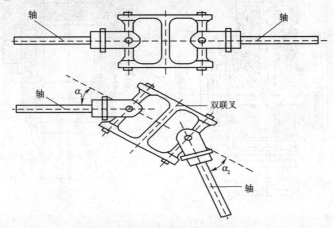

图 5-12　双联式准等速万向节工作原理图

b. 三销轴式准等速万向节。三销轴式准等速万向节的结构如图 5-13 所示。

三销轴式准等速万向节工作原理如图 5-14 所示。

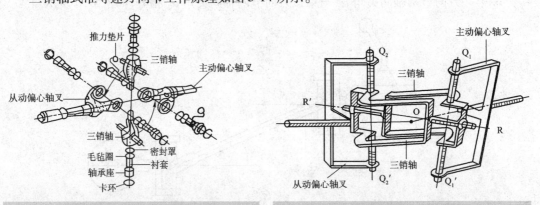

图 5-13　三销轴式准等速万向节的组成　　　图 5-14　三销轴式准等速万向节工作原理图

③等速万向节。目前，轿车上常用的等速万向节为球笼式万向节，也有采用球叉式万向节或自由三枢轴式万向节的。

a. 球叉式等速万向节。球叉式等速万向节的结构如图 5-15 所示。

球叉式等速万向节工作原理如图 5-16 所示。

b. 球笼式等速万向节。球笼式等速万向节的结构如图 5-17 所示。

固定型球笼式万向节和伸缩型球笼式万向节的结构如图 5-18 所示。

固定型球笼式万向节和伸缩型球笼式万向节的安装位置如图 5-19 所示。

球笼式等速万向节工作原理如图 5-20 所示。

桑塔纳 2000 型轿车万向传动装置如图 5-21 所示。

球笼式万向节的结构：星形套以内花键与主动轴相连，其外表面有六条弧形凹槽，形成内滚道。球形壳的内表面有相应的六条弧形凹槽，形成外滚道。六个钢球分别装在由六组内外滚道所对出的空间里，并被保持架限定在同一个平面内。动力由主动轴（及星形套）经钢球传到球形壳输出。

学习任务五　万向传动装置的构造与拆装

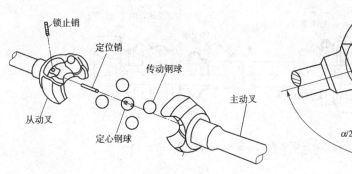

图 5-15　球叉式等速万向节的组成　　　　图 5-16　球叉式等速万向节工作原理图

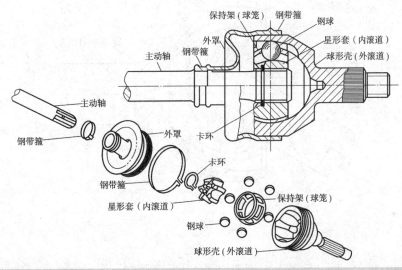

图 5-17　球笼式等速万向节的组成

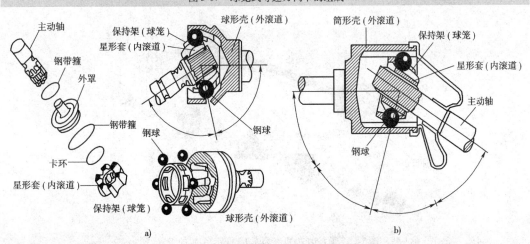

图 5-18　固定型和伸缩型球笼式等速万向节的组成
a)固定型球笼式等速万向节；b)伸缩型球笼式万向节(VL节)

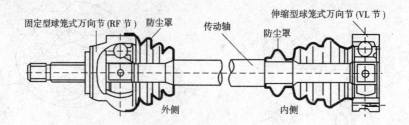

图 5-19　固定型和伸缩型球笼式等速万向节的安装位置

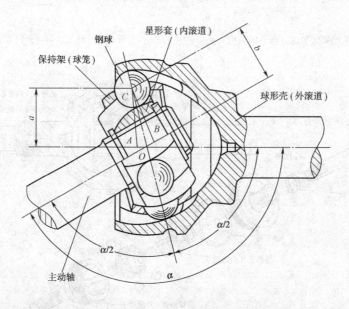

图 5-20　球笼式等速万向节工作原理图

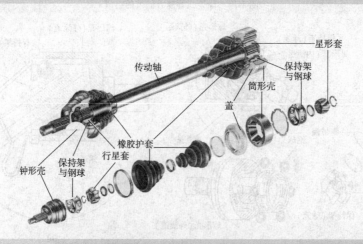

图 5-21　桑塔纳 2000 型轿车万向传动装置的组成

球笼式等速万向节内的六个钢球全部传力,承载能力强,可在两轴最大交角为 42°情况下传递扭矩,其结构紧凑,拆装方便,得到广泛应用。

(五)传动轴及中间支承

1. 传动轴功用

传动轴的作用是将变速器(分动器)传来的扭矩传给驱动桥或驱动轮。

2. 传动轴的结构

传动轴的结构如图5-22所示。在有一定距离的两部件之间采用万向传动装置传递动力时,一般需要在万向节之间安装传动轴。若两部件之间的距离会发生变化,而万向节又没有伸缩功能时,则还要将传动轴做成两段,用滑动花键相连接。为减小传动轴花键连接部分的轴向滑动阻力和磨损,需加注润滑脂进行润滑,也可以对花键进行磷化处理或喷涂尼龙层,或是在花键槽内设置滚动元件。

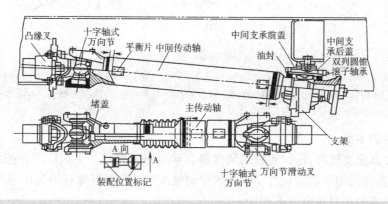

图5-22 传动轴的结构

在采用独立悬架连接的驱动桥上,差速器与驱动轮之间的传动轴又称为驱动半轴。

桑塔纳轿车传动轴为空心传动轴,其两端采用了两种不同型号的球笼式等速万向节。RF型万向节通过花键轴与前轮连接,摆动角度大。VL型万向节用螺栓与差速器罩壳连接,其内外星轮可做轴向移动,以补偿由于前轮跳动而引起的横向轴距的变化,如图5-23所示。

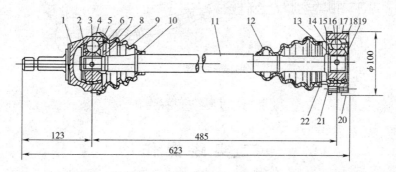

图5-23 桑塔纳2000型轿车传动轴组成

1-RF节外星轮;2、19-卡簧;3-钢球;4-夹箍;5-RF节球笼;6-RF节内星轮;7-中间挡圈;8-碟形弹簧;9-橡胶护套;10、22-夹箍;11-花键轴;12-橡胶护套;13-碟形弹簧;14-VL节内星轮;15-VL节球笼;16-钢球;17-VL节外星轮;18-密封垫片;20-塑料护罩;21-VL节护盖

桑塔纳2000型轿车传动轴分解图如图5-24所示。

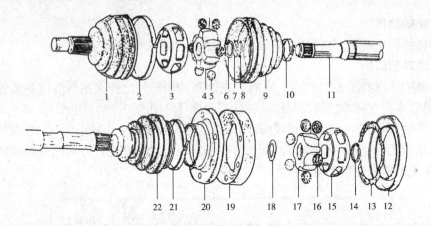

图5-24 桑塔纳2000型轿车传动轴分解图

1-RF外星轮;2-夹箍;3-RF球笼;4-RF内星轮;5-钢球;6-卡簧;7-中间挡圈;8-碟形弹簧;9-橡胶护套;10-夹箍;11-花键轴;12-塑料护套;13-密封垫片;14-卡簧;15-VL节球笼;16-钢球;17-VL节内星轮;18-碟形弹簧;19-VL节外星轮;20-VL节护盖;21-夹箍;22-橡胶护套

3. 传动轴的平衡

传动轴在高速旋转时,任何质量的偏移都会导致剧烈振动。生产厂家在把传动轴与万向节组装后,都进行动平衡。经过动平衡的传动轴两端一般都点焊有平衡片,拆卸后重装时要注意保持二者的相对角位置不变。

4. 中间支承

中间支承是一个通过支承座和缓冲垫安装在车身(或车架)上的轴承,主要用于较长传动轴一端的支承,从而可避免较长传动轴旋转时所产生冲击振动,如图5-25所示。

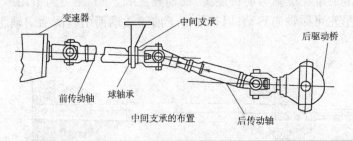

图5-25 中间支承的安装位置

二、实践操作

(一)实践准备条件

准备桑塔纳2000型轿车底盘及总成拆卸架数台,常用工具、专用工具各1套,工具盒、零件盒、干净的抹布、维修手册和工单等。

（二）技术要求及注意事项

（1）必须掌握万向传动装置的构造及工作原理，熟悉维修手册。

（2）正确选用和使用相应的工具和设备。

（3）拆卸时，所拆总成、零部件应按结构连接关系、材质分类、拆装顺序、合理摆放于零件盆内，拆卸时应考虑装配过程，做好装配准备工作。

（三）操作步骤

1. 拆装准备

各小组清洁好工位，清点好工具，摆放好工具盆和零件盆。保持作业场地、设备、工具等清洁、摆放整齐、性能良好。

2. 拆卸与装配

（1）传动轴（半轴）总成的拆卸。

①在车轮着地时，旋下轮毂的紧固螺母。

②旋下传动轴凸缘上的紧固螺栓，如图5-26中箭头所示。将传动轴与凸缘分开。

③从车轮轴承壳内拉出传动轴，或利用V.A.G1389压力装置拉出传动轴。

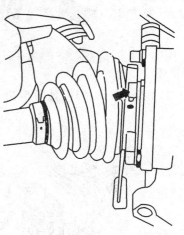

图5-26　旋下半轴凸缘上的紧固螺栓

 小提示

拆卸传动轴时，轮毂绝对不能加热，否则，会损坏车轮轴承，原则上应使用拉具。其次，拆掉传动轴后，应装上一根连接轴来代替传动轴，防止移动卸掉传动轴的车辆时，损坏前轮轴承总成。

（2）传动轴（半轴）总成的安装。

①在等速万向节的花键涂上一圈5mm的防护剂（D6），然后装上传动轴花键套。涂防护剂D6后的传动轴装车后，应停车60min之后才可使用汽车。

②如图5-27所示，将球销接头重新装配在原位置，并拧紧螺母。在安装球销接头时，不能损坏波纹管护套。

③必要时检查前轮外倾角。

④车轮着地后，拧紧轮毂固定螺母。

（3）万向节的分解。

①用钢锯将等速万向联轴器金属环锯开，如图5-28所示箭头处，拆卸防尘罩。

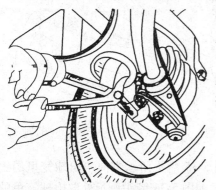

图5-27　安装球销接头

②用一把轻金属锤子用力从传动轴上敲下万向节外圈,如图5-29所示。

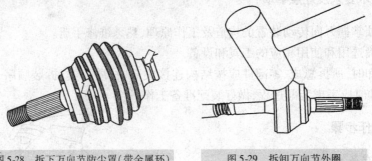

图5-28 拆下万向节防尘罩(带金属环)　　图5-29 拆卸万向节外圈

③拆卸弹簧锁环,如图5-30所示。压出万向节内圈,如图5-31所示。

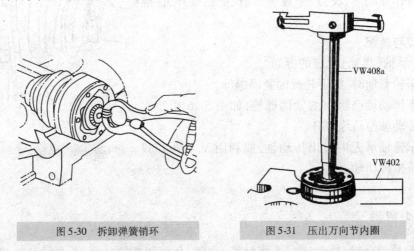

图5-30 拆卸弹簧销环　　图5-31 压出万向节内圈

④分解外等速万向节。拆散之前,用油石在钢球球笼和外星轮上标出内星轮的位置。旋转内星轮与球笼,依次取出钢球,如图5-32所示。用力转动钢球笼直至两个方孔,如图5-33箭头所示,与外星轮对齐,连外星轮一起拆下球笼。把内星轮上扇形齿旋入球笼的方孔,然后从球笼中取下内星轮,如图5-34所示。

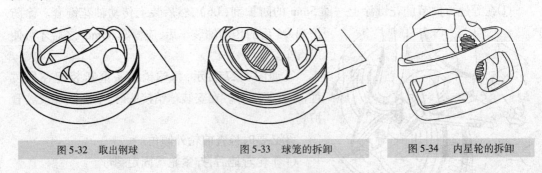

图5-32 取出钢球　　图5-33 球笼的拆卸　　图5-34 内星轮的拆卸

⑤分解内等速万向节。转动内星轮与球笼,按图5-35箭头所示方向压出球笼里的钢球。内星轮与外星轮一起选配,不能互换。从球槽上面如图5-36箭头所示处取出球笼里的内星轮。

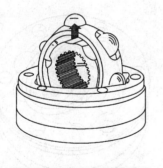
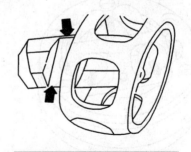

图 5-35　取出钢球　　　　　图 5-36　取出内星轮

（4）万向节的组装。

先组装内万向节,步骤如下。

①对准凹槽将内星轮嵌入球笼,内星轮在球笼内的位置无关紧要。

②将钢球压入球笼,并注入润滑脂,如图 5-37 所示。

③将带钢球与球笼的外星轮垂直装入壳体,如图 5-38 所示。安装时应注意旋转之后,外星轮上的宽间隔 a 应对准内星轮上的窄间隔 b,转动球笼,嵌入到位。内星轮内径（花键齿）上的倒角必须对准外星轮的大直径端。

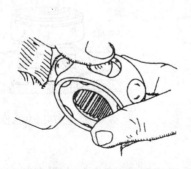
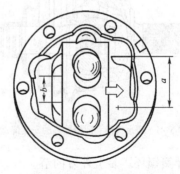

图 5-37　将钢球压入球笼　　　　　图 5-38　将球笼垂直装入壳体

④扭转内星轮,这样,内星轮就能转出球笼,如图 5-39 箭头所示,从而使钢球在与壳体中的球槽相配合有足够的间隙。

⑤按压球笼,如图 5-40 箭头所示,将装有钢球的内星轮完全转入外星轮内。

⑥用手能将内星轮在轴向范围内来回推动,应灵活。

再组装外万向节,步骤如下。

①用汽油清洗各部件。将 G-6 润滑脂总量的一半（45g）注入万向节内。

②将球笼连同内星轮一起装入外星轮。

③对角交替地压入钢球,必须保持内星轮在球笼以及外星轮内的原先位置。

④将弹簧锁环装入内星轮。将剩余的润滑脂压入万向节。

⑤用手将内星轮在轴向范围内来回推动,检查安装是否正确。

（5）万向节与传动轴的组装。

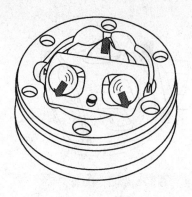
图5-39 将内星轮转出球笼

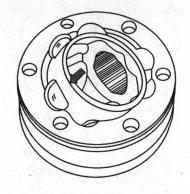
图5-40 使内星轮完全转入外星轮内

①在传动轴上安装防护罩。正确安装碟形座圈,如图5-41所示。

②把万向节压入传动轴,如图5-42所示。使碟形座圈贴合,内星轮内径(花键齿)上的倒角必须面向传动轴靠肩。

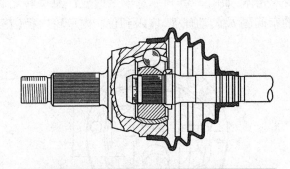
图5-41 碟形座圈和间隔垫片的安装位置

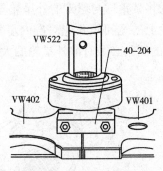
图5-42 把万向节压入传动轴

③安装弹簧锁环。装上外万向节。

④在万向节上安装防尘罩时,防尘罩经常受到挤压,因而在防尘罩内部产生的一定真空,它在车辆行驶中会产生一个内吸的折痕,如图5-43箭头所示。因此,在安装防尘罩小口径之后,要稍微充点气,使得压力平衡,不产生褶皱。

⑤用夹箍夹住防尘罩,如图5-44所示。

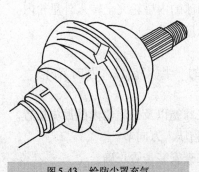
图5-43 给防尘罩充气

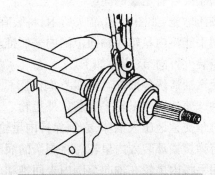
图5-44 夹紧夹箍或夹头

 小提示

为保证万向传动装置的装配质量,装配时应注意以下事项:
① 为了保证传动组达到原有的平衡,保持相互位置的零部件应按原来的记号装复。
② 传动组连接螺栓不得用其他螺栓代替。
③ 各个活动部位应按规定进行润滑。

3. 结束工作

(1)各小组进行自检,检查组装好的万向传动装置装配是否完整,有无漏装或错装,如有漏装或错装应按要求及时返工。

(2)各小组用抹布将组装好的汽车底盘及工具、工具盆、零件盆擦拭干净,清洁好工位,清点好工具,摆放好工具盆和零件盆。保持作业场地、设备、工具恢复至原来的状态。

(3)由组长向老师报告:"万向传动装置拆装实训完毕。"

三、学习拓展

(1)查阅丰田卡罗拉轿车维修手册,比较丰田卡罗拉轿车万向传动装置结构和桑塔纳2000型轿车的万向传动装置结构的区别。

(2)根据桑塔纳2000型轿车万向传动装置的拆装步骤,制订出丰田卡罗拉轿车万向传动装置的拆装计划。

四、评价与反馈

1. 自我评价与反馈

(1)你对本学习任务的学习是否满意?
评价情况:_____

(2)你能独立完成桑塔纳2000型轿车万向传动装置的拆卸与装配吗?
评价情况:_____

(3)你是否知道桑塔纳2000型轿车万向传动装置的基本组成?
评价情况:_____

(4)你会正确使用万向传动装置拆装过程中涉及的工具吗?
评价情况:_____

签名:_____ ____年____月____日

2. 小组评价与反馈

(1)你们小组在接到任务之后是否讨论过桑塔纳2000型轿车万向传动装置的拆装计划?

评价情况：_____

　　（2）你们小组在拆装桑塔纳 2000 型轿车万向传动装置的过程中是否有明确的分工？相互配合得好吗？

评价情况：_____

　　（3）你们小组在拆装桑塔纳 2000 型轿车万向传动装置的过程中操作是否规范？

评价情况：_____

　　　　　　参与评价的同学签名：_____　_____年_____月_____日

3. 教师评价及答复

_____

_____

_____

　　　　　　教师签名：_____　_____年_____月_____日

五、技能考核标准

序号	项目	作业内容	规定分	评分标准	得分
1	准备工作	工具、用具准备	10 分	每漏一项扣 1 分	
2	总成拆卸	拆卸万向传动装置	20 分	1. 拆卸步骤及顺序错误扣 10 分； 2. 拆卸方法不正确扣 10 分； 3. 拆卸不熟练扣 10 分	
3	总成安装	安装万向传动装置	20 分	1. 装配步骤及顺序错误扣 10 分； 2. 装配不熟练扣 10 分	
4	质量检查	万向传动装置安装质量检查	20 分	1. 装配质量稍差扣 5 分； 2. 装配质量差扣 10 分； 3. 装配质量很差扣 20 分； 4. 每漏装或错装一项扣 3 分； 5. 每返工一次扣 5 分	
5	回答问题	万向传动装置理论知识问题	5 分	根据答错情况酌情扣分	
6	操作时间	时间控制在 15 min 内	10 分	1. 每超时 1 min 扣 2 分； 2. 超出规定时间 10 min 按不及格处理	
7	结束工作	考试现场恢复至考前状态	5 分	1. 结束工作较差扣 2 分； 2. 结束工作差扣 5 分	
8	安全操作文明生产	1. 正确选择和使用工具； 2. 遵循安全操作规程； 3. 保持操作现场整洁； 4. 安全文明操作，无人身、设备、工具的事故	10 分	1. 违反安全操作规程按不及格处理； 2. 工具选用不当每次扣 2 分； 3. 工具使用不当每次扣 2 分； 4. 零件工具落地每次扣 2 分； 5. 人为导致机件损坏扣 5 分，损坏两处以上按不及格处理； 6. 因操作不当发生重大事故的按 0 分处理	
		总分	100 分		

学习任务六　车轮的构造与拆装

任务要求

完成本学习任务后,你应该能:
1. 叙述汽车车轮的作用及基本组成;
2. 叙述车轮在汽车上的安装位置及其与传动系的关系;
3. 识别汽车车轮的主要零部件;
4. 懂得工作安全操作规程;
5. 懂得工作现场的管理常识;
6. 对自己的学习和工作效果作出自我评价。

建议学时:6学时

任务描述

一辆丰田卡罗拉轿车总是出现右后轮气压过低情况,即使加足气后也不能维持长时间运行。经检查发现右后轮存在缓慢漏气现象,需进行拆检。

一、理论知识准备

(一)车轮总成的组成

车轮总成主要由车轮和轮胎两部分组成,如图6-1所示。车轮主要指金属部分,轮胎主要指橡胶部分。

(二)车轮总成的功用

车轮和轮胎是汽车行驶系中的重要组成部分,其作用是:
(1)支撑汽车和装载质量。
(2)传递汽车与路面之间的各种力和力矩。
(3)缓和由路面传来的冲击力。
(4)保持汽车的行驶方向。

图6-1　车轮总成的组成

(三)车轮(金属部分)

1. 车轮的作用

车轮具有安装轮胎,承受轮胎与车桥之间各种载荷的作用。

2. 车轮的组成

车轮主要由轮毂、轮辋、轮辐三部分组成,如图6-2所示。

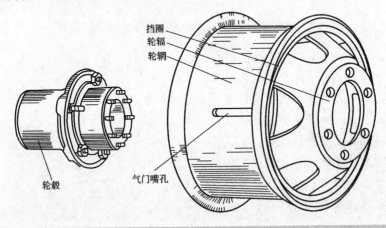

图6-2　车轮的组成

轮毂:连接车轮和车轴。
轮辋:安装和固定轮胎。
轮辐:连接轮毂和轮辋。

3. 车轮的分类

(1)按轮辐的构造不同分类。车轮按轮辐的构造不同可分为辐板式和辐条式两种类型。

①辐板式车轮。桑塔纳轿车辐板式车轮结构如图6-3所示。

②辐条式车轮。桑塔纳2000型轿车辐条式车轮结构如图6-4所示。

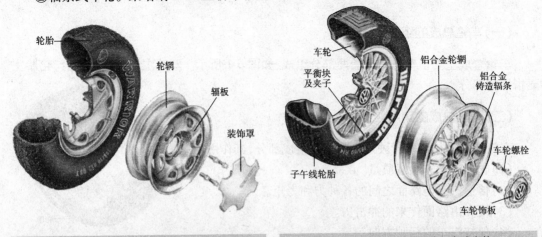

图6-3　桑塔纳轿车辐板式车轮　　　　图6-4　桑塔纳2000轿车辐条式车轮

不同轮辐的各种车轮如图 6-5 所示。

（2）按轮辋的构造不同分类。车轮按轮辋构造不同可分为深槽式轮辋车轮、平底式轮辋车轮、对开式轮辋车轮等类型，如图 6-6 所示。

图 6-5　不同轮辐的各种车轮

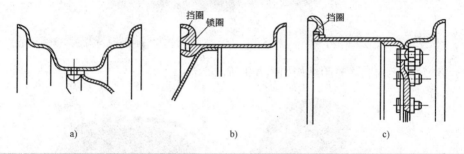

图 6-6　不同轮辋的各种车轮
a）深槽轮辋；b）平底轮辋；c）对开式轮辋

（四）轮胎（橡胶部分）

1. 轮胎的安装位置

轮胎安装在轮辋上，直接与路面接触。

2. 轮胎的作用

（1）支承汽车的质量，承受路面传来的各种载荷的作用。

（2）和汽车悬架共同来缓和汽车行驶中所受到的冲击，并衰减由此而产生的振动，以保证汽车具有良好的乘坐舒适性和行驶平顺性。

（3）保证车轮和路面有良好的附着性，以提高汽车的牵引性、制动性和通过性。

3. 轮胎的分类

（1）按轮胎组成结构不同可分为有内胎式轮胎和无内胎式轮胎两种。

（2）按轮胎工作的充气压力不同可分为高压胎（0.5～0.7MPa）、低压胎（0.15～0.45MPa）和超低压胎（0.15MPa 以下）三种。由于低压胎弹性好、断面宽、接地面积大、散热性好,提高了汽车行驶的平顺性、稳定性,有效地提高了轮胎的使用寿命。所以,现代汽车都使用低压胎和超低压胎,高压胎目前已被淘汰。通常将轮辋直径小于38.1mm(15英寸)的轮胎称为超低压胎。

(3)按轮胎用途不同可分为轿车轮胎、载货汽车轮胎及特种用途轮胎三大类。

(4)按胎体中帘线排列方向不同可分为普通斜交轮胎和子午线轮胎二大类。

4. 轮胎的组成

(1)有内胎式轮胎主要由外胎、内胎、垫带三部分组成,如图6-7所示。

(2)无内胎式轮胎只有外胎,而无内胎和垫带,如图6-8所示。

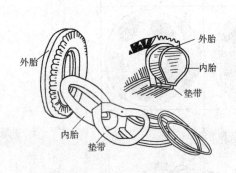

图6-7 有内胎式轮胎的组成　　　　图6-8 无内胎式轮胎的组成

桑塔纳轿车无内胎式轮胎结构如图6-9所示。

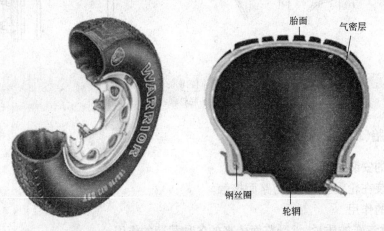

图6-9 桑塔纳轿车无内胎式轮胎

二、实 践 操 作

(一)实践准备条件

准备丰田卡罗拉型轿车及总成拆卸架数台,常用工具、专用工具各1套,工具盆、零件盆、干净的抹布、维修手册和工单等。

(二)操作步骤

1. 拆卸准备

各小组清洁好工位,清点好工具,摆放好工具盆和零件盆。保持作业场地、设备、工具等清洁、摆放整齐、性能良好。

2. 拆卸

(1)停稳车辆,用三角木抵住各车轮。

(2)取下车轮上的装饰罩,弄清汽车左右侧车轮与轮毂连接螺栓的螺旋方向,使用车轮螺母拆装机或用套筒扳手初步拧松各连接螺母,如图6-10所示。

(3)用千斤顶顶在指定的位置,使被拆车轮稍离地面。也可将车辆停在举升架上,升起车辆,使车轮稍离开地面。

(4)拧下车轮与轮毂连接的全部螺母,取下垫圈,并摆放整齐。

(5)边向外拉边左右晃动车轮,从车轴上取下车轮总成。

3. 安装

(1)顶起车桥,套上车轮,将螺母初步拧在螺柱上。

(2)在拧紧各螺母时,应慢转车轮,按对角线方向分3~5次逐步拧紧,并保证将每颗螺母拧入锁紧沉孔内。

(3)放下车轮并在车轮前后用三角木抵住,用扭力扳手或车轮螺母拆装机,按对角线顺序分2~3次拧紧各个车轮螺母,最后一次要按规定力矩拧紧,如图6-11所示。

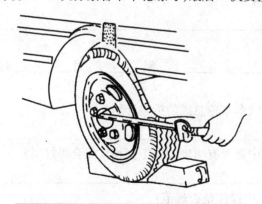

图6-10 用套筒扳手初步拧松各连接螺母

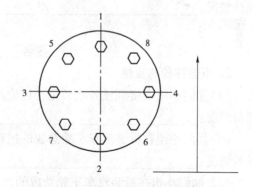

图6-11 用套筒扳手按图示顺序逐步拧紧各连接螺母

4. 结束工作

(1)各小组进行自检,检查组装好的车轮总成装配是否完整到位,有无漏装、错装或不到位,如有漏装、错装或不到位应按要求及时返工。

(2)各小组用抹布将组装好的车轮总成及工具、工具盆、零件盆擦拭干净,清洁好工位,清点好工具,摆放好工具盆和零件盆。保持作业场地、设备、工具恢复至原来的状态。

(3) 由组长向老师报告:"车轮总成拆装实训完毕。"

三、学习拓展

(1) 查阅上海桑塔纳 2000 型轿车维修手册,比较桑塔纳轿车车轮结构和卡罗拉轿车车轮结构的区别。

(2) 根据卡罗拉轿车车轮拆卸装配的方法及步骤,制订出桑塔纳 2000 型轿车车轮拆装计划。

四、评价与反馈

1. 自我评价与反馈

(1) 你对本学习任务的学习是否满意?
评价情况:_____

(2) 你能独立完成丰田卡罗拉轿车车轮总成的拆卸与装配吗?
评价情况:_____

(3) 你是否知道汽车车轮总成的基本组成?
评价情况:_____

(4) 你会正确使用车轮总成拆装过程中涉及的工具吗?
评价情况:_____

签名:_____   _____年_____月_____日

2. 小组评价与反馈

(1) 你们小组在接到任务之后是否讨论过汽车车轮总成的拆装计划?
评价情况:_____

(2) 你们小组在拆装汽车车轮总成的过程中是否有明确的分工?相互配合得好吗?
评价情况:_____

(3) 你们小组在拆装汽车车轮总成的过程中操作是否规范?
评价情况:_____

参与评价的同学签名:_____   _____年_____月_____日

3. 教师评价及答复

_____
_____
_____

教师签名:_____   _____年_____月_____日

五、技能考核标准

序号	项目	作业内容	规定分	评分标准	得分
1	准备工作	工具、用具准备	10分	每漏一项扣1分	
2	总成拆卸	拆卸汽车车轮	20分	1. 拆卸步骤及顺序错误扣10分； 2. 拆卸方法不正确扣10分； 3. 拆卸不熟练扣10分	
3	总成安装	装配汽车车轮	20分	1. 装配步骤及顺序错误扣10分； 2. 装配不熟练扣10分	
4	质量检查	汽车车轮装配质量	20分	1. 装配质量稍差扣5分； 2. 装配质量差扣10分； 3. 装配质量很差扣20分； 4. 每漏装或错装一项扣3分； 5. 每返工一次扣5分	
5	回答问题	现场提问	5分	根据答错情况酌情扣分	
6	操作时间	时间控制在10min内	10分	1. 每超时1 min扣2分； 2. 超出规定时间10 min按不及格处理	
7	结束工作	考试现场恢复至考前状态	5分	1. 结束工作较差扣2分； 2. 结束工作差扣5分	
8	安全操作文明生产	1. 正确选择和使用工具； 2. 遵循安全操作规程； 3. 保持操作现场整洁； 4. 安全文明操作，无人身、设备、工具的事故	10分	1. 违反安全操作规程按不及格处理； 2. 工具选用不当每次扣2分； 3. 工具使用不当每次扣2分； 4. 零件工具落地每次扣2分； 5. 人为导致机件损坏扣5分，损坏两处以上按不及格处理； 6. 因操作不当发生重大事故的按0分处理	
		总分	100分		

学习任务七　前桥的构造与拆装

任务要求

完成本学习任务后,你应该能:
1. 叙述前桥的作用、组成和简单工作原理;
2. 叙述前桥在汽车上的安装位置;
3. 掌握前桥各主要零部件的识别及作用;
4. 按照技术规范正确拆装前桥总成;
5. 对前桥的安装质量进行自检。

建议学时:12 学时

任务描述

一辆 2009 款丰田卡罗拉 1.8L GL-i 型手动挡轿车前桥工作不良,且转向时伴随金属摩擦声,经维修人员检查,发现其右侧球笼式万向节磨损过甚,需要更换万向节。

一、理论知识准备

前桥是汽车底盘行驶系统中的重要总成部件,通常前桥又分为转向桥和转向驱动桥两大类。转向桥主要作用是承载和转向,通常底盘为"FR 型、MR 型、RR 型"驱动方式的汽车前桥就属于转向桥。而转向驱动桥除了承载和转向作用外还有驱动作用,所以转向驱动桥是车桥中最复杂的车桥,通常底盘为"FF 型、4WD 型"驱动方式的汽车前桥属于转向驱动桥。桑塔纳 2000 型轿车的前桥就属于转向驱动桥。汽车前桥工作性能的好坏对汽车能否安全行驶起到决定性的作用。

(一)行驶系的认识

1. 汽车行驶系的功用

(1)支承汽车的重量并承受、传递路面作用在车轮上各种力的作用。
(2)接受传动系传来的转矩并转化为汽车行驶的牵引力。
(3)缓和冲击,减少振动,保证汽车平顺行驶。

2. 汽车行驶系的组成

汽车行驶系主要由车架、车桥、车轮和悬架组成,如图 7-1 所示。

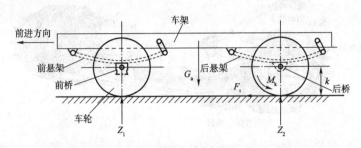

图 7-1　汽车行驶系的组成

(1)车架的功用:车架是汽车的基体,主要用于发动机、变速器、传动机构、操纵机构、车身等总成和部件的安装及支承。

(2)车桥的功用:车桥通过悬架与车架连接,支承着汽车大部分重量,并将车轮的牵引力或制动力,以及侧向力经悬架传给车架。

(3)悬架的功用:把车架与车桥弹性连接起来,吸收或缓和车轮在不平路面上受到的冲击和振动,传递各种作用力和力矩。

(4)车轮的功用:支承汽车的重量并承受、传递路面作用在车轮上各种力的作用。

(二)车桥的类型

(1)按车桥位置不同分类,可分为前桥和后桥两种。

(2)按车桥与悬架结构不同分类,可分为整体式车桥和断开式车桥两种。

(3)按车桥的功能不同分类,可分为转向桥、支承桥、驱动桥、转向驱动桥四种。通常,转向桥和转向驱动桥又是前桥,支承桥和驱动桥又是后桥。

1. 转向桥

具有转向和支承作用的车桥称为转向桥。转向桥的组成如图 7-2 所示。现代汽车一般都是前桥转向,也有少数汽车采用后桥转向。通常发动机前置后轮驱动(简称 FR 型)、发动机中置后轮驱动(简称 MR 型)、发动机后置后轮驱动(简称 RR 型)的汽车前桥就属于转向桥,宝马轿车的转向桥如图 7-3 所示。

2. 转向驱动桥

具有转向、驱动和支承作用的车桥称为转向驱动桥,如图 7-4 所示。通常发动机前置前轮驱动(简称 FF 型)、发动机前置四轮驱动(简称 4WD 型)的汽车前桥就属于转向驱动桥,上海桑塔纳轿车的转向驱动桥如图 7-5 所示。

北京切诺基 BJ2021EL 型汽车转向驱动桥如图 7-6 所示。

3. 驱动桥

具有驱动和支承作用的车桥称为驱动桥,如图 7-7 所示。通常发动机前置后轮驱动(简称 FR 型)、发动机中置后轮驱动(简称 MR 型)、发动机后置后轮驱动(简称 RR 型)的汽车后桥就属于驱动桥,宝马轿车的驱动桥如图 7-3 所示。

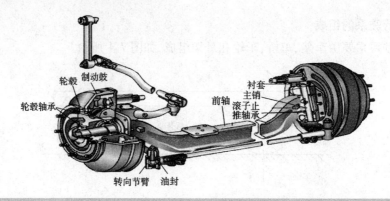

图 7-2 转向桥的组成

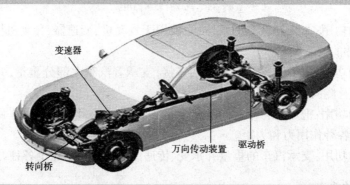

图 7-3 宝马轿车的转向桥、驱动桥

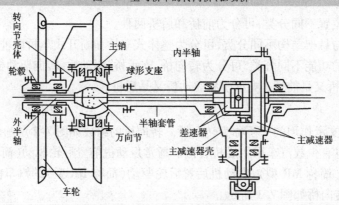

图 7-4 转向驱动桥的组成

4. 支承桥

具有支承作用的车桥称为支承桥,或称支持桥。通常发动机前置前轮驱动(简称 FF 型)的汽车后桥属于支承桥,上海桑塔纳轿车的支承桥如图 7-8 所示。

(三)转向驱动桥的主要部件

转向驱动桥主要由主减速器、差速器、半轴(传动轴)等组成。

1. 主减速器

常见主减速器结构如图 7-9 所示。

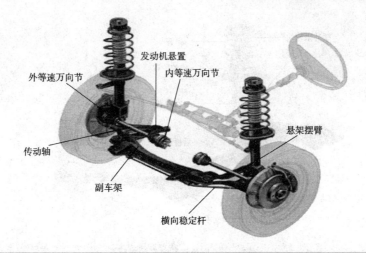

图7-5 上海桑塔纳轿车的转向驱动桥

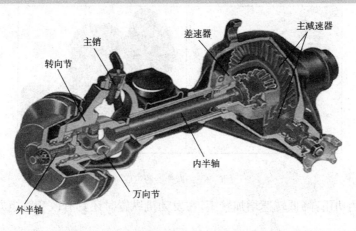

图7-6 北京切诺基BJ2021EL型轿车的转向驱动桥

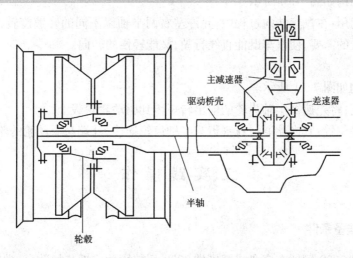

图7-7 驱动桥的组成

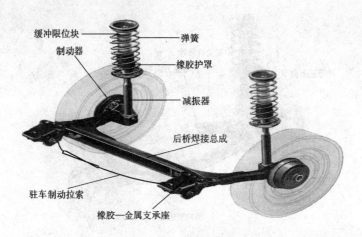

图 7-8　上海桑塔纳轿车的支承桥

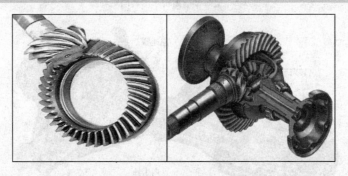

图 7-9　主减速器的组成

主减速器的功用:降低转速增加转矩,在发动机纵置时还具有改变转矩方向的作用。

2. 差速器

差速器的结构如图 7-10 所示。

差速器的功用:在汽车转向过程中,允许左右两半轴以不同的转速旋转,以满足两驱动轮不等路程行驶的需要,使汽车既能直线行驶,又能轻便的转向。

3. 半轴

半轴的结构如图 7-11 所示。

半轴的功用:将差速器半轴齿轮的输出转矩传到驱动轮轮毂上。

半轴的安装位置:其内端通过花键齿与半轴齿轮连接,外端与驱动轮的轮毂相连。

二、实 践 操 作

(一)实践准备条件

上海桑塔纳 2000 型轿车底盘或桑塔纳 2000 型前桥总成拆装架数台、常用工具、专用工具各 1 套,工具盆、零件盆、干净的抹布、维修手册和工单等。

学习任务七 前桥的构造与拆装

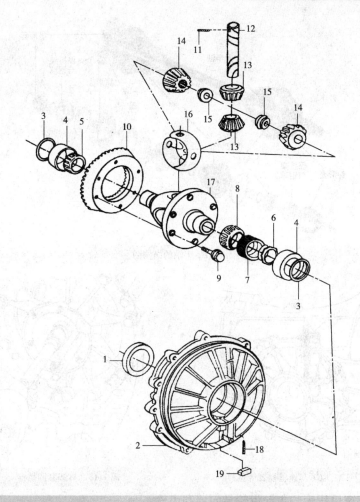

图 7-10 差速器的结构图
1-密封圈;2-主减速器盖;3-从动锥齿轮的调整垫片(S1 和 S2);4-轴承外圈;5-差速器轴承;6-锁紧套筒;7-车速表主动齿轮;8-差速器轴承;9-螺栓(拧紧力矩为70N·m);10-从动锥齿轮;11-夹紧销;12-行星齿轮轴;13-行星齿轮;14-半轴齿轮;15-螺纹管;16-复合式止推垫片;17-差速器壳;18-磁铁固定销;19-磁铁

(二)注意事项

(1)拆卸主减速器从动锥齿轮时,应在从动锥齿轮和差速器壳上做好记号后再进行拆卸。

(2)从动锥齿轮的紧固螺栓是自动锁紧的,一经拆卸就必须更换。

(三)操作步骤

1. 主减速器的拆卸

(1)拆卸变速器,将其固定在支架上。拆下轴承支座和后盖。

(2)取下车速里程表的传感器,如图 7-12 所示。

(3)锁住传动轴(半轴),拆下紧固螺栓,如图 7-13 所示。取下传动轴。

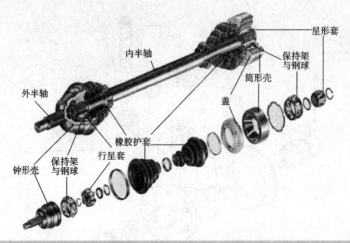

图7-11 半轴的结构图

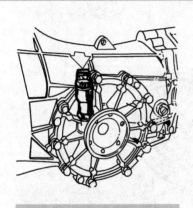

图7-12 取下车速里程表传感器

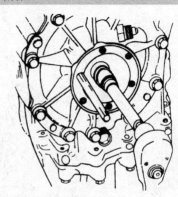

图7-13 拆卸紧固螺栓

（4）取下车速里程表的主动齿轮导向器和齿轮。

（5）拆下主减速器盖，如图7-14所示。从变速器壳体上取下差速器。

（6）用铝质的夹具将差速器壳固定在台虎钳上，拆下从动齿轮的紧固螺栓。从动锥齿轮的紧固螺栓是自动锁紧的，一经拆卸就必须更换。

（7）取下从动锥齿轮，如图7-15所示。

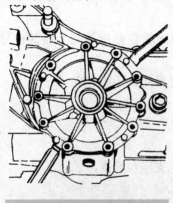

图7-14 拆下主减速器盖

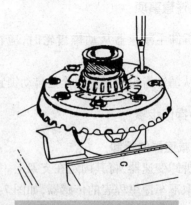

图7-15 拆卸从动锥齿轮

(8)拆下并分解变速器输出轴。

2. 主减速器的安装

(1)在变速器输出轴上装上所有齿轮、轴承及同步器,计算输出轴的调整垫片 S3 的厚度。

(2)将从动锥齿轮加热到120℃的温度后,用两个螺纹销作导向,将从动锥齿轮迅速装到差速器壳上,如图 7-16 所示。

(3)装上新的从动锥齿轮螺栓,并以对角方式分 2~3 次用 70N·m 的力矩逐渐交替旋紧。

(4)计算从动齿轮的调整垫片 S1 和 S2 的厚度,把计算好的垫片装在适当的位置上。

(5)将轴承支座装在变速器壳体上,并用新的衬垫。装上变速器后盖。

(6)将差速器装在变速器壳体上。将主减速器盖装在壳体上,用 25N·m 的力矩旋紧螺栓。

(7)装上车速里程表的主动齿轮和导向器。装上车速里程表的传感器。

(8)装上半轴凸缘中的一个,用凿子将它锁住,装上螺栓,用 20N·m 的力矩把它旋紧。装另一个半轴凸缘。

(9)加注齿轮油并装上变速器。

3. 半轴齿轮和行星齿轮的拆卸

(1)拆卸变速器,拆下差速器,拆下从动锥齿轮。

(2)拆下行星齿轮轴的夹紧销,如图 7-17 所示。

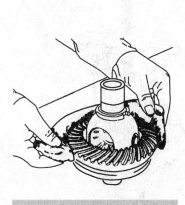
图 7-16 安装从动锥齿轮

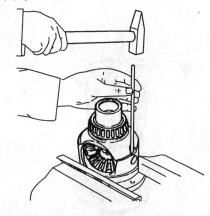
图 7-17 拆下行星齿轮轴的夹紧销

(3)取下行星齿轮轴,再取下行星齿轮和半轴齿轮。

4. 半轴齿轮和行星齿轮的安装

(1)通过半轴凸缘将半轴齿轮固定在差速器壳上,如图 7-18 所示。

(2)将行星齿轮放在适当的位置上,接着转动半轴凸缘使行星齿轮进入差速器壳,如图 7-19 所示。

(3)装上行星齿轮轴,如图 7-20 所示。在行星齿轮轴装上夹紧销。

(4)取下差速器半轴凸缘,用120℃的温度加热,将从动锥齿轮装在差速器壳上。

(5)将差速器装在变速器壳体内,装上半轴凸缘。

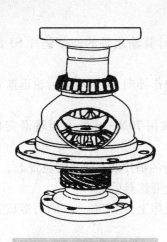 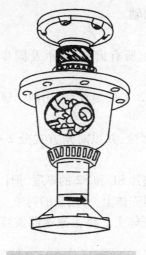 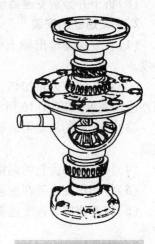

图7-18 安装半轴齿轮　　图7-19 安装行星齿轮　　图7-20 安装行星齿轮轴

(6)装上变速器。

5. 差速器壳的拆卸

(1)拆卸变速器,拆下差速器。

(2)拆下差速器轴承(与从动锥齿轮相对的一边),如图7-21所示。

(3)拆下差速器另一边轴承,如图7-22所示。同时取下车速表主动齿轮和锁紧套筒。

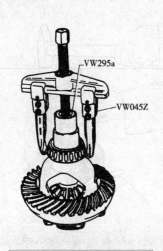 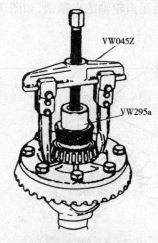

图7-21 拆下差速器轴承(与从　　图7-22 拆下另一边差速器轴承
　　　动锥齿轮相对的一边)

(4)拆下变速器侧面的密封圈,如图7-23所示。

(5)从主减速器盖上拆下差速器轴承的外圈和调整垫片S1,如图7-24所示。

(6)从变速器壳体上拆下差速器轴承的外圈和调整垫片S2,如图7-25所示。当差速器轴承在更换时,外圈需一起更换,同时必须计算出从动齿轮的调整垫片S1和S2的厚度。

6. 差速器壳的安装

(1)计算从动锥齿轮调整垫片S1和S2的厚度。

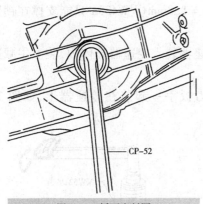
图7-23 拆下密封圈

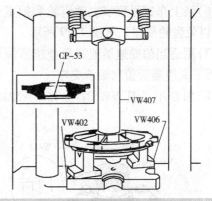
图7-24 拆下差速器轴承外圈和调整垫片S1

（2）装上调整垫片S2和差速器轴承外圈，如图7-26所示。

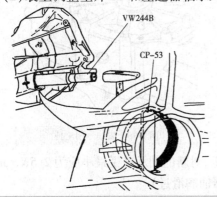
图7-25 拆下另一边差速器轴承外圈和调整垫片S2

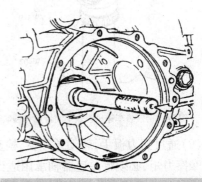
图7-26 安装调整垫片S2和差速器轴承外圈

（3）装上调整垫片S1和轴承外圈，如图7-27所示。

（4）装上变速器的侧面密封圈。将与从动锥齿轮相对一边的差速器圆锥滚子轴承内圈加热到120℃的温度后，装在差速器壳上。

（5）用120℃的温度加热从动锥齿轮背面的差速器轴承内圈后，装在差速器罩壳上。并用专用工具将轴承压到位，如图7-28所示。

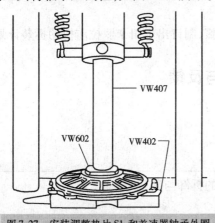
图7-27 安装调整垫片S1和差速器轴承外圈

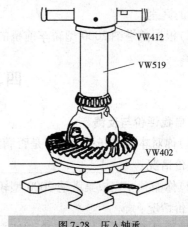
图7-28 压入轴承

（6）装上车速里程表主动齿轮和锁紧套筒，使 $x=1.8mm$（VW433a 只能支撑在锁紧套筒上，以免齿轮受损），如图 7-29 所示。

（7）用适当的变速器油润滑差速器轴承。将差速器装入变速器壳体内，装上主减速器盖。拆下变速器后盖和轴承支座。

（8）用专用工具 VW521/4 和 VW521/8，同扭力扳手一起装在差速器上，如图 7-30 所示。

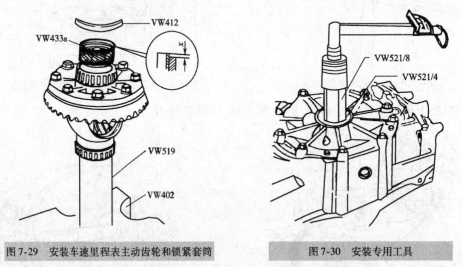

图 7-29　安装车速里程表主动齿轮和锁紧套筒　　　图 7-30　安装专用工具

（9）通过扭力扳手，转动差速器，检查摩擦力矩，对新的轴承来说最小应为 $2.5N·m$（要检查摩擦力矩，必须将差速器轴承用适当的变速器油润滑过）。

（10）调整从动锥齿轮。装上变速器后盖和轴承支座。

（11）装上半轴凸缘并给变速器加油。装上变速器。

三、学 习 拓 展

（1）查阅丰田卡罗拉 1.8L GL-i 型维修手册，比较其前桥与上海桑塔纳 2000 型轿车前桥结构的区别。

（2）根据桑塔纳 2000 型轿车前桥的拆装步骤，制订出丰田卡罗拉前桥的拆装计划。

四、评价与反馈

1. 自我评价与反馈

（1）你对本学习任务的学习是否满意？

评价情况：＿＿＿＿＿＿＿＿＿＿＿＿＿＿＿＿＿＿＿＿＿＿＿＿＿＿＿＿＿＿＿＿＿＿

（2）你能独立完成桑塔纳 2000 型轿车前桥的拆卸与装配吗？

评价情况：＿＿＿＿＿＿＿＿＿＿＿＿＿＿＿＿＿＿＿＿＿＿＿＿＿＿＿＿＿＿＿＿＿＿

（3）你是否知道桑塔纳 2000 型轿车前桥的基本组成？

评价情况：_____
(4)你会正确使用前桥拆装过程中涉及的工具吗？
评价情况：_____

签名：_____ _____年_____月_____日

2. 小组评价与反馈

(1)你们小组在接到任务之后是否讨论过桑塔纳2000型轿车前桥的拆装计划？
评价情况：_____
(2)你们小组在拆装桑塔纳2000型轿车前桥的过程中是否有明确的分工？相互配合得好吗？
评价情况：_____
(3)你们小组在拆装桑塔纳2000型轿车前桥的过程中操作是否规范？
评价情况：_____

参与评价的同学签名：_____ _____年_____月_____日

3. 教师评价及答复

_____
_____
_____

教师签名：_____ _____年_____月_____日

五、技能考核标准

序号	项目	作业内容	规定分	评分标准	得分
1	准备工作	工具、用具准备	10分	每漏一项扣1分	
2	总成拆卸	拆卸汽车前桥	20分	1. 拆卸步骤及顺序错误扣10分； 2. 拆卸方法不正确扣10分； 3. 拆卸不熟练扣10分	
3	总成安装	安装汽车前桥	20分	1. 装配步骤及顺序错误扣10分； 2. 装配不熟练扣10分	
4	质量检查	汽车前桥安装质量检查	20分	1. 装配质量稍差扣5分； 2. 装配质量差扣10分； 3. 装配质量很差扣20分； 4. 每漏装或错装一项扣3分； 5. 每返工一次扣5分	
5	回答问题	汽车前桥理论知识问题	5分	根据答错情况酌情扣分	
6	操作时间	时间控制在35min内	10分	1. 每超时1min扣2分； 2. 超出规定时间10min按不及格处理	

续上表

序号	项目	作业内容	规定分	评分标准	得分
7	结束工作	考试现场恢复至考前状态	5分	1. 结束工作较差扣2分； 2. 结束工作差扣5分	
8	安全操作文明生产	1. 正确选择和使用工具； 2. 遵循安全操作规程； 3. 保持操作现场整洁； 4. 安全文明操作，无人身、设备、工具的事故	10分	1. 违反安全操作规程按不及格处理； 2. 工具选用不当每次扣2分； 3. 工具使用不当每次扣2分； 4. 零件工具落地每次扣2分； 5. 人为导致机件损坏扣5分，损坏两处以上按不及格处理； 6. 因操作不当发生重大事故的按0分处理	
		总分	100分		

学习任务八　后桥的构造与拆装

任务要求

完成本学习任务后,你应该能:
1. 叙述后桥的作用、组成和简单工作原理;
2. 叙述后桥在汽车上的安装位置;
3. 掌握后桥各主要零部件的识别及作用;
4. 懂得制订后桥总成的拆装工作计划;
5. 按照技术规范正确拆装后桥总成;
6. 对后桥的安装质量进行自检。

建议学时:12 学时

任务描述

一辆北京切诺基汽车后桥漏油,经检查,发现其桥壳有裂纹,需对其进行更换。

一、理论知识准备

后桥是汽车底盘行驶系统中的重要总成部件,通常后桥又分为驱动桥和支承桥两大类。驱动桥主要作用是承载和驱动,而支承桥主要起承载和支撑作用,所以支承桥是最简单的车桥。北京切诺基 BJ2021EL 型汽车的后桥属于驱动桥。驱动桥工作性能的好坏对汽车底盘起到至关重要的作用。通过对本学习任务的学习,可以了解驱动桥的作用、分类、组成、工作原理、各主要零部件在汽车上的安装位置及各主要零部件的识别等,同时还可掌握驱动桥的拆装方法、拆装技巧和注意事项。

(一)驱动桥的功用

(1)将万向传动装置输入的动力降速增扭。
(2)改变传动方向,然后分配给左右驱动轮。
(3)使左右驱动轮以不同转速旋转,实现转向或不同路面情况下的行驶。

(二)驱动桥的认识

常见汽车驱动桥如图8-1所示。整体式驱动桥如图8-2所示。

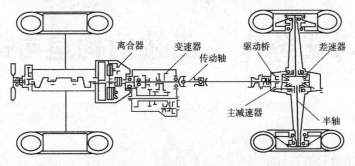

图8-1　驱动桥(发动机前置后轮驱动)

图8-2　整体式驱动桥

北京切诺基BJ2021EL型汽车的后驱动桥如图8-3所示。

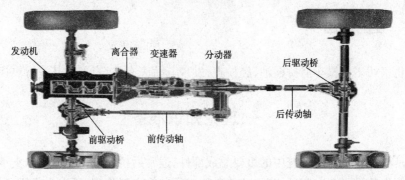

图8-3　北京切诺基BJ2021EL型汽车后驱动桥

后驱动桥的组成如图8-4所示。

驱动桥主要由主减速器、差速器、半轴、桥壳等组成。

桥壳是主减速器、差速器等传动装置的安装基础。

主减速器主要作用是降低转速、增加扭矩、改变扭矩的传递方向。

差速器主要作用是使两侧车轮不等速旋转,适应汽车转向和不同路面的行驶。

半轴主要作用是将差速器传来的驱动力传给轮毂、车轮和轮胎。

(三)驱动桥的分类

驱动桥一般可分为整体式驱动桥和断开式驱动桥两种。

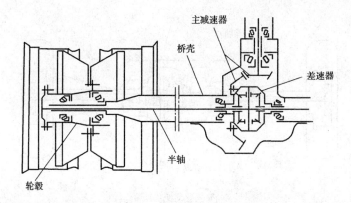

图 8-4　后驱动桥的组成

1. 整体式驱动桥

整体式驱动桥也称为非断开式驱动桥,整个驱动桥通过弹性悬架与车架连接,由于半轴套管与主减速器是刚性的连成一体的,因此,两侧的半轴和驱动轮不可能在横向平面内做相对运动。整体式驱动桥通常与非独立悬架配套使用,其结构如图 8-5 所示。

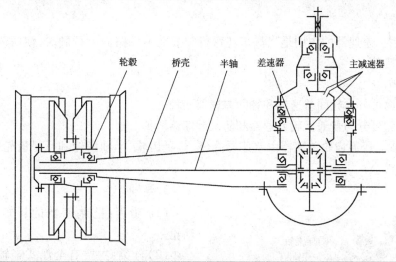

图 8-5　整体式驱动桥结构

2. 断开式驱动桥

为了提高汽车的行驶平顺性和通过性,将两侧驱动轮分别用弹性悬架与车架相连,驱动桥壳做成分段并通过铰链相连,两轮可以分别相对与车架上下跳动。断开式驱动桥通常与独立悬架配套使用,其结构如图 8-6 所示。

(四) 驱动桥的主要部件

1. 主减速器

(1) 功用。

① 增扭减速。

② 改变扭矩旋转方向。

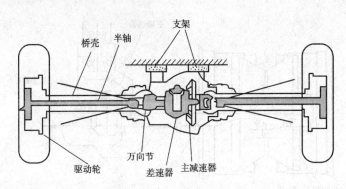

图 8-6 断开式驱动桥及其结构特点

(2) 分类。

① 按齿轮副数目可分为单级主减速器和双级主减速器(轮边减速器)。

② 按传动比可分为单速式主减速器和双速式主减速器。

③ 按齿轮副结构可分为圆柱齿轮式主减速器、圆锥齿轮式主减速器和准双曲面齿轮式主减速器。

2. 差速器

(1) 功用。差速器的作用是当汽车转弯行驶或在不平路面上行驶时,使两侧驱动轮能以不同转速转动。

(2) 分类。

① 按用途可分为轮间差速器和轴间差速器两种。

② 按性能可分为普通齿轮差速器和防滑差速器两种。

(3) 组成。普通齿轮差速器由差速器壳体、行星齿轮、半轴齿轮和行星齿轮轴组成,如图 8-7 所示。

3. 半轴

(1) 功用:把差速器的转矩传递给驱动轮。

(2) 分类:主要有全浮式半轴和半浮式半轴两种。

(3) 结构。

① 全浮式半轴。全浮式半轴拆装方便,传力能力强,因而广泛用于载货汽车上。

图 8-8 为典型的全浮式半轴结构图。内端借花键与半轴齿轮啮合,半轴浮装在半轴套管中,汽车行驶时,半轴只传递转矩而不承受任何反力或反力矩。

② 半浮式半轴。半浮式半轴具有结构简单、质量轻、适用于小直径车轮等特点,但拆装不太方便,多用于轿车及微型汽车上。

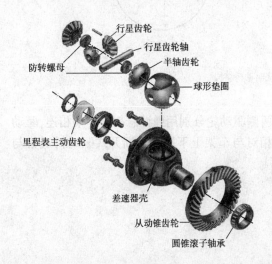

图 8-7 差速器的结构

图 8-9 为半浮式半轴结构图,半轴内端通过花键与半轴齿轮相连,外端通过轴承直接支承在桥壳内,车轮轮毂通过键直接固定于半轴外端上。汽车行驶时,半轴除了传递转矩外,还要承受路面作用与车轮的各向作用力及力矩。

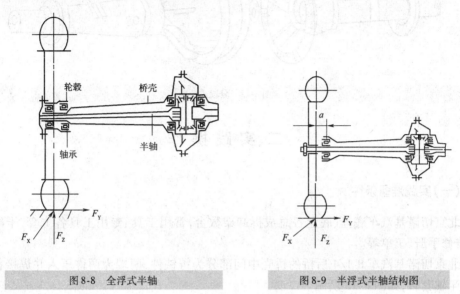

图 8-8 全浮式半轴　　　　　图 8-9 半浮式半轴结构图

4. 桥壳

(1) 功用:在传动系中安装并保护主减速器、差速器和半轴。在行驶系中安装悬架和轮毂,与驱动桥一起支撑汽车悬架以上的质量,承受由车轮传来的各种反力及力矩,并在驱动轮与悬架之间传力。

(2) 分类:桥壳可分为整体式和分段式两种。

① 整体式桥壳。图 8-10 为汽车整体式桥壳。桥壳采用球墨铸铁铸造,两端压入无缝钢管制成的半轴套管。这种桥壳刚度大、强度高,但质量较大,只适用于中、重型汽车。

钢板冲压焊接式桥壳具有质量轻、工艺简单、材料利用率高、成本低、抗冲击性好等优点,广泛应用于轻型货车和轿车上。图 8-11 为北京 BJ1040 型汽车的钢板冲压焊接式驱动桥壳。

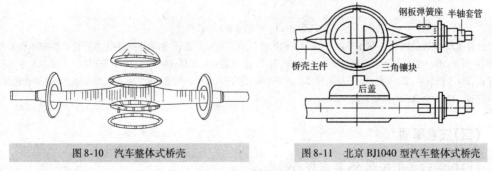

图 8-10 汽车整体式桥壳　　　　　图 8-11 北京 BJ1040 型汽车整体式桥壳

② 分段式桥壳。分段式桥壳分为两段,用螺栓连在一起,它由主减速器壳、盖、两根半轴套管及凸缘组成,如图 8-12 所示。

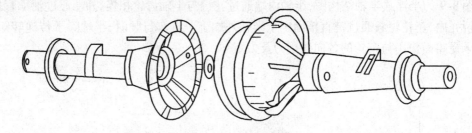

图 8-12 分段式桥壳

二、实 践 操 作

(一)实践准备条件

北京切诺基汽车底盘、底盘各总成拆卸架数台,常用工具、专用工具各 1 套,干净的抹布、维修手册、工单等。

北京切诺基汽车 8 1/4 后桥的桥壳中间部分为铸铁件,两端为两件压入并焊接在桥壳上的半轴套管,如图 8-13 所示。

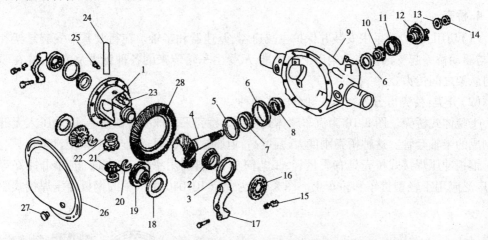

图 8-13 切诺基 8 1/4 后桥

1-差速器壳;2-差速器轴承;3-轴承外圈;4-主动齿轮轴;5-主齿深度垫片组;6-轴承外圈;7-主齿后轴承;8-轴承预紧伸缩垫圈;9-桥壳;10-主齿前轴承;11-油封;12-主齿万向节叉;13-垫圈;14-螺母;15-锁片;16-调整螺母;17-轴承瓦盖;18-止推垫圈;19-半轴齿轮;20-卡圈;21-行星齿轮;22-止推垫圈;23-行星齿轮轴锁紧螺栓;24-行星齿轮轴;25-从动齿轮螺栓;26-桥壳盖;27-加油塞;28-从动齿轮

(二)注意事项

(1)拆装过程中按照 5S 要求规范操作。

(2)操作时注意工作安全。

(3)严格按照作业技术要求规范操作。

(4)8 1/4 后桥使用多用途双曲线齿轮润滑油,润滑油应符合 MILL-2150C 和 API GL5 质量技术标准。

(5)差速器轴承盖螺栓拧紧力矩为 136N·m,主动齿轮万向节叉螺母最小扭矩 285N·m,从动齿轮差速器壳螺栓拧紧力矩为 95 N·m,制动底板螺栓拧紧力矩为 64 N·m。

(三)操作步骤

1. 拆卸

(1)排放双曲线齿轮油。

①开动汽车直到齿轮润滑油达到正常工作温度。

②升起并支撑好汽车。

③从后桥壳盖上取下加油螺塞。

④卸下后桥壳盖,使桥壳和半轴套管内原来的润滑油完全排净。

⑤用洗油或轻质机油清洗差速器和桥壳内腔,去除剩余的润滑油和外来物质。

 小提示

一定不能用汽油、煤油、水或水蒸气冲洗差速器和桥壳内腔。

(2)半轴的拆卸。

①升起并支撑好汽车。

②卸下车轮和轮胎。

③卸下制动鼓。

④清除桥壳盖周围的外来杂物。

⑤松开桥壳盖螺栓并放出桥壳内的润滑油,卸下桥壳盖。

⑥转动差速器壳,露出行星齿轮轴的锁紧螺钉,从差速器壳上卸下锁紧螺钉和行星齿轮轴,如图 8-14 所示。

⑦向汽车中心推半轴,从半轴上卸下半轴 C 形卡圈,如图 8-15 所示。

⑧卸下半轴,注意不要损坏半轴轴承,轴承应留在半轴套管内。

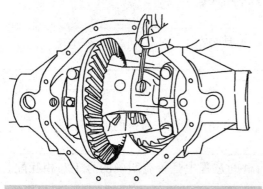

图 8-14 行星齿轮轴锁紧螺钉及轴的拆卸

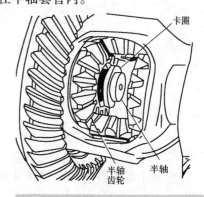

图 8-15 半轴卡圈

2. 安装

①润滑轴承孔和油封唇口,插入半轴使花键和半轴齿轮相啮合。注意防止半轴花键损坏半轴油封唇口。

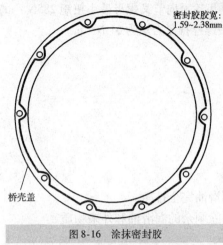

图8-16　涂抹密封胶

②将卡圈插入凹槽内(图8-15),将半轴向外推,使卡圈就位。

③将行星齿轮轴插入差速器壳,通过止推垫片和行星齿轮轴装配,使轴上的孔和锁紧螺钉孔对正。拧上涂有乐太胶的锁紧螺钉,螺钉拧紧力矩为 11N·m。

④清洗桥壳盖并涂上一层密封胶,如图8-16所示。

⑤装上制动鼓和车轮及轮胎。

⑥调整支座使汽车处于水平位置,卸下加油螺塞,加注润滑油,然后装上加油螺塞。

三、学习拓展

各小组根据北京切诺基汽车后桥拆卸装配的方法及步骤拟定出东风EQ1090型汽车后桥的拆装计划。

四、评价与反馈

1. 自我评价与反馈

(1)你对本学习任务的学习是否满意?

评价情况:_____

(2)你能独立完成北京切诺基汽车后桥的拆卸与装配吗?

评价情况:_____

(3)你是否知道北京切诺基汽车后桥的基本组成?

评价情况:_____

(4)你会正确使用后桥拆装过程中涉及的工具吗?

评价情况:_____

签名:_____　_____年_____月_____日

2. 小组评价与反馈

(1)你们小组在接到任务之后是否讨论过北京切诺基汽车后桥的拆装计划?

评价情况:_____

(2)你们小组在拆装北京切诺基汽车后桥的过程中是否有明确的分工?相互配合得好吗?

评价情况:_____

（3）你们小组在拆装北京切诺基汽车后桥的过程中操作是否规范？
评价情况：_____
参与评价的同学签名：_____ _____年_____月_____日

3. 教师评价及答复

_____

_____

教师签名：_____ _____年_____月_____日

五、技能考核标准

序号	项目	作业内容	规定分	评分标准	得分
1	准备工作	工具、用具准备	10分	每漏一项扣1分	
2	拆卸	拆卸汽车后桥	20分	1. 拆卸步骤及顺序错误扣10分； 2. 拆卸方法不正确扣10分； 3. 拆卸不熟练扣10分	
3	装配	装配汽车后桥	20分	1. 装配步骤及顺序错误扣10分； 2. 装配不熟练扣10分	
4	装配	汽车后桥装配质量	20分	1. 装配质量稍差扣5分； 2. 装配质量差扣10分； 3. 装配质量很差扣20分； 4. 每漏装或错装一项扣10分； 5. 每返工一次扣5分	
5	回答问题	汽车后桥理论知识问题	5分	根据答错情况酌情扣分	
6	操作时间	时间控制在15min内	10分	1. 每超时1min扣2分； 2. 超出规定时间10 min按不及格处理	
7	结束工作	考试现场恢复至考前状态	5分	1. 结束工作较差扣2分； 2. 结束工作差扣5分	
8	安全操作文明生产	1. 正确选择和使用工具； 2. 遵循安全操作规程； 3. 保持操作现场整洁； 4. 安全文明操作，无人身、设备、工具的事故	10分	1. 违反安全操作规程按不及格处理； 2. 工具选用不当每次扣2分； 3. 工具使用不当每次扣2分； 4. 零件工具落地每次扣2分； 5. 人为导致机件损坏扣5分，损坏两处以上按不及格处理； 6. 因操作不当发生重大事故的按0分处理	
		总分	100分		

学习任务九 转向器的构造与拆装

> **任务要求**
> 完成本学习任务后,你应该能:
> 1. 叙述转向器的作用、组成和简单工作原理;
> 2. 叙述转向器各主要零部件在汽车上的安装位置;
> 3. 掌握转向器各主要零部件的识别及作用;
> 4. 按照技术规范正确拆装转向器总成;
> 5. 对转向器的安装质量进行自检。
>
> 建议学时:6 学时

任务描述

一辆桑塔纳轿车转向时方向沉重,经检查发现其转向器漏油,需拆检转向器。

一、理论知识准备

汽车转向系的作用是保证汽车在行驶中按照驾驶员的操纵要求改变或保持汽车的行驶方向。转向系技术状况的好坏将直接关系汽车的行驶安全。

1. 转向系的类型

转向系按转向动力源的不同可分为机械式转向系和动力式转向系两大类。

(1)机械式转向系。机械式转向系是指以驾驶员体力作为转向能源的转向系,如图9-1所示。

汽车转向时,驾驶员作用于转向盘上的力,经过转向轴、万向节、转向传动轴传到转向器,转向器将转向力矩放大后,通过转向传动机构,以推动转向节(转向轮)偏转,使汽车行驶方向发生改变。

(2)动力式转向系。动力式转向系是指除驾驶员的体力外,还以汽车的动力作为辅助转向能源的转向系,如图9-2所示。动力式转向系是在机械式转向系的基础上加设一套动力转向加力器而构成的。

采用动力转向系的汽车,在正常转向时,驾驶员通过操纵机械转向系提供转向所需要的

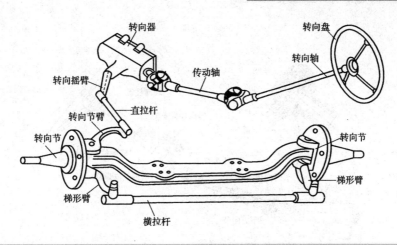

图9-1 机械式转向系

一小部分能量,大部分能量由转向时所带动的转向加力器提供。当转向加力器失效时,其工作过程等同机械式转向系。

动力式转向系又分为液压式和电动式两种。

2. 机械式转向系的组成

机械式转向系主要由转向操纵机构、转向器和转向传动机构三部分组成,如图9-3所示。

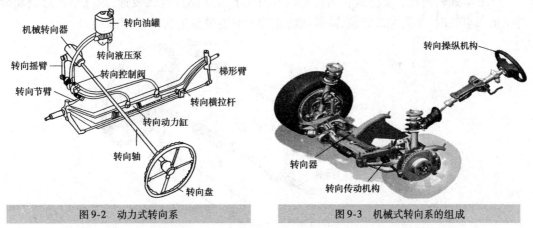

图9-2 动力式转向系　　　　图9-3 机械式转向系的组成

(1)转向操纵机构:包括转向盘、转向轴、万向节、转向传动轴、转向柱管等。

(2)转向器:转向器是转向系中的减速增矩装置,其作用是增加由转向盘传递到转向传动机构的力矩,并改变力矩的传递方向。

(3)转向传动机构:包括转向摇臂、转向直拉杆、转向节臂、左转向节、右转向节、左梯形臂、右梯形臂、转向横拉杆等,其作用是将转向器输出的力和运动传递给转向车轮(转向节),并控制转向车轮按一定关系进行偏转。

3. 转向操纵机构

(1)作用:操纵转向器和转向传动机构,使转向轮偏转。

(2)组成:由转向盘、转向轴、转向柱管、万向节、转向传动轴等组成,如图9-4所示。

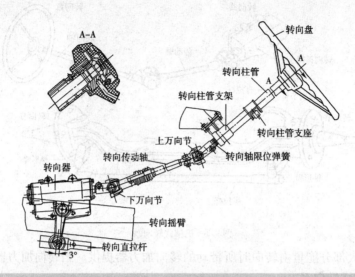

图9-4 转向操纵机构

现代汽车(特别是轿车)通常在转向操纵机构上增设一些安全、调节装置,以保证驾驶员安全、舒适、可靠地操纵转向系。这些装置主要反映在转向轴和转向柱管上,为了叙述方便,我们将其统称为转向柱。

①安全式转向柱。安全式转向柱是在转向柱上设置能量吸收装置,当汽车紧急制动或发生撞车事故时,吸收冲击能量,减轻或防止冲击对驾驶员的伤害,如图9-5所示。

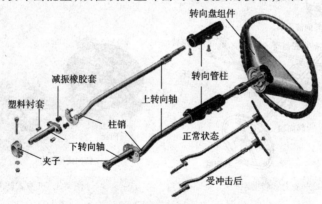

图9-5 转向柱吸能机构

②可调节式转向柱。驾驶员不同的身材和驾驶姿势对转向盘的最佳位置有不同的要求,而这一位置往往还和驾驶员进、出汽车的方便性发生矛盾。为此,有的汽车装设了可调节式转向柱,其转向盘的位置可以在一定的范围内调节,如图9-6所示。

4. 转向器

(1)作用。转向器是转向系中的减速增矩装置,其作用是增加由转向盘传递到转向传动机构的力矩,并改变力矩的传递方向。

(2)类型。转向器的种类很多,通常是按照转向器中传动副的结构形式来分。目前,应用较为广泛的主要有齿轮齿条式、循环球式和蜗杆曲柄指销式等。

学习任务九　转向器的构造与拆装

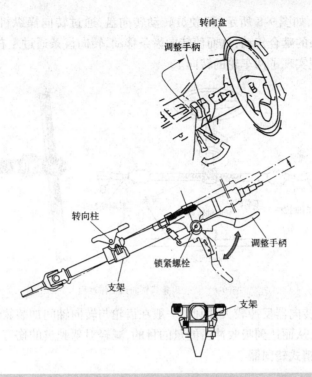

图9-6　手动倾斜可调式转向机构

5. 齿轮齿条式转向器

齿轮齿条式转向器具有结构简单、轻巧,传动杆件少、维修方便、操纵灵敏等优点,目前广泛应用于轿车上,如桑塔纳、一汽奥迪、天津TJ7100型轿车等。

(1)组成。如图9-7所示,齿轮齿条式转向器主要由转向齿轮、转向齿条、齿条压块、压紧弹簧、调整螺钉、锁紧螺母、转向器壳等组成。弹簧通过转向齿条压块将转向齿条压紧在转向齿轮上,以保证齿轮齿条始终无间隙啮合,有效地减小转向自由行程,提高操纵灵敏度,而其弹力的大小由调整螺钉调整。防尘套用来防止尘土等杂物进入转向器。为了使齿条轴向运行时,两防尘套内腔压力平衡,壳体上钻有通气孔,使两腔连通。

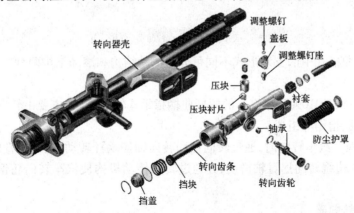

图9-7　齿轮齿条式转向器

123

（2）工作过程。如图9-8所示，驾驶员转动转向盘，通过转向操纵机构，使转向齿轮转动，通过齿轮与齿条的啮合传动，从而使转向齿条移动，转向齿条通过左右转向横拉杆，使两车轮绕主销偏转，便实现了两车轮的转向。

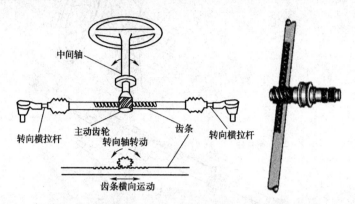

图9-8　齿轮齿条式转向器工作过程

由于这种形式转向器反冲较大，因此，一般在齿轮与转向轴间加装软性万向节或在前桥中设置横向减振器，从而达到吸收冲击能量的目的，减轻对驾驶员的伤害。

6. 蜗杆曲柄指销式转向器

（1）类型。

①按其传动副中的指销数目不同可分为单销式和双销式两种，如图9-9所示。

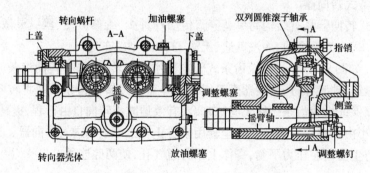

图9-9　蜗杆曲柄指销式转向器（双销式）

②按指销在曲柄孔中的支承形式不同可分为滑动结构和滚动结构两种。

（2）组成。

图9-10为东风EQ1090E型汽车的蜗杆曲柄指销式转向器，它主要由转向器壳体、转向蜗杆、转向摇臂轴、指销等组成。

（3）工作过程。汽车转向时，通过转向盘和转向轴使蜗杆转动，嵌于螺杆螺旋槽的锥形指销一边自转，一边绕转向摇臂轴摆动，并通过转向传动机构使汽车转向轮偏转，从而实现汽车转向。

7. 循环球式转向器

（1）组成。循环球式转向器传动效率高（正效率最高可达90%～95%），故操作轻便，使用寿命长,广泛用于各类汽车。循环球式转向器有两级传动副,一级是转向螺杆—转向螺母,一级是齿条—齿扇。图9-11为北京切诺基汽车所采用的循环球式转向器。

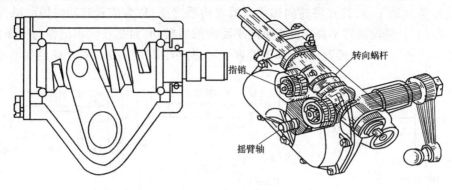

图9-10　EQ1090E型汽车转向器

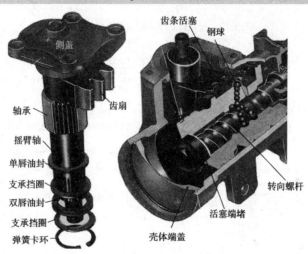

图9-11　北京切诺基汽车循环球式转向器

(2)工作过程。当转动转向盘时,转向螺杆也随之转动,通过钢球将作用力传给转向螺母,使转向螺母沿杆轴向移动。同时,由于摩擦力的作用,所有钢球在螺杆与螺母之间滚动,形成"球流"。钢球在螺母内绕行两周后,流出螺母进入导管的一端,再由导管的另一端流回螺母。因此,在转向器工作时,两列钢球都在各自的流道内循环流动,不会脱出。螺母轴向移动时,通过螺母外端的齿条带动齿扇偏转,从而带动摇臂轴转动,并通过转向传动机构带动转向车轮偏转,实现汽车的转向。

8. 转向传动机构

(1)功用。转向传动机构的功用是将转向器输出的转向力传递给转向轮,使其发生偏转,实现汽车转向。

(2)组成与结构。

①与非独立悬架配用的转向传动机构。与非独立悬架配用的转向传动机构如图9-12所示,它主要由转向摇臂、转向直拉杆、转向节臂、左右梯形臂和转向横拉杆等组成。在前桥

仅为转向桥的情况下,由转向横拉杆和左、右梯形臂组成的转向梯形一般布置在前桥之后,称为后置式转向传动机构,如图9-12a)所示。在发动机位置较低或前桥为转向驱动桥的情况下,为避免运动干涉,往往将转向梯形布置在前桥之前,称为前置式转向传动机构,如图9-12b)所示。若转向摇臂不是在汽车纵向平面内前后摆动,而是在汽车的横向平面内左右摆动,则可将转向直拉杆横置,并借球头销直接带动转向横拉杆,从而推动两侧梯形臂转动,如图9-12c)所示。

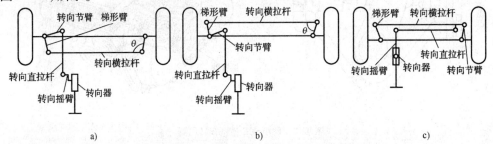

图9-12 与非独立悬架配用的转向传动机构
a)后置式;b)前置式;c)转向直拉杆横向布置

②与独立悬架配用的转向传动机构。当转向轮采用独立悬架时,每个转向轮都需要相对于车身作独立运动,因此,转向传动机构中与两边转向轮相连的转向横拉杆也必须分成若干段,才能正常传递转向力,通常分为两段式或三段式两种,如图9-13所示。

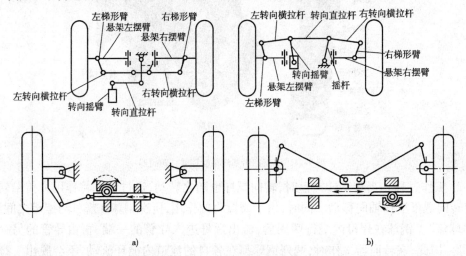

图9-13 与独立悬架配用的转向传动机构

9. 转向传动机构的主要零件

(1)转向摇臂。转向摇臂的作用是把转向器输出的转向力传递给直拉杆或横拉杆,进而推动转向轮偏转。转向摇臂的典型结构如图9-14所示。

转向摇臂安装后,从中间位置向两边摆动的角度应大致相等,故安装时应注意将摇臂和摇臂轴的装配标记对齐。

(2)转向直拉杆。图9-15为解放CA1092型汽车转向直拉杆。杆体由两端扩大的钢管制成,并在扩大的端部装有由球头销、球头座、弹簧座、压缩弹簧和端部螺塞等组成的球铰链,其作用是将转向摇臂传来的转向力传递给转向梯形臂(或转向节臂)。

(3)转向横拉杆。图9-16为解放CA1092型汽车转向横拉杆。杆体由钢管制成,其两端制有螺纹,一端为左旋,一端为右旋,并与两端的接头旋装在一起。由于两端螺纹反向设置,因此,在旋松夹紧螺栓后,通过转动转向横拉杆,改变横拉杆的总长度,即可调整转向轮前束。

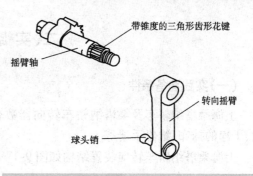

图9-14 转向摇臂

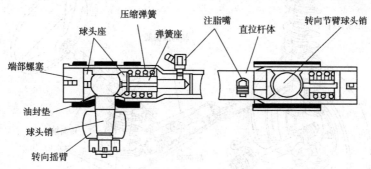

图9-15 解放CA1092型汽车转向直拉杆

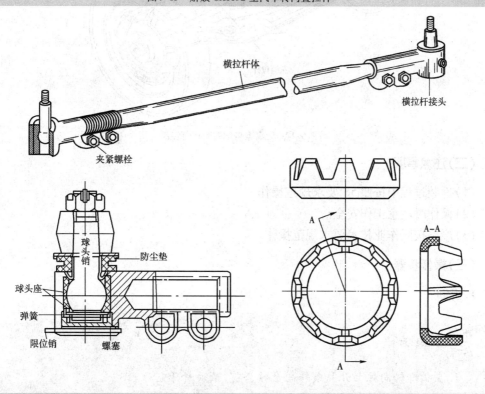

图9-16 解放CA1092型汽车转向横拉杆

二、实 践 操 作

(一)实践准备条件

上海桑塔纳轿车及桑塔纳轿车转向器数台,常用工具、专用工具各 1 套,工具盒、零件盆、干净的抹布、维修手册等。

上海桑塔纳轿车转向装置结构如图 9-17 所示。

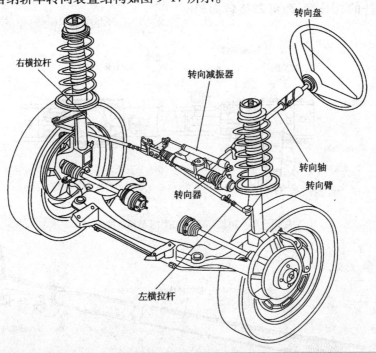

图 9-17　上海桑塔纳轿车转向装置

(二)注意事项

(1)拆装过程中按照 5S 要求规范操作。
(2)操作时注意工作安全。
(3)严格按照作业技术要求规范操作。

(三)操作步骤

1. 拆卸

 小提示

1.在拆卸转向柱上开关或转向盘锁套前,必须断开电源。
2.下面列出的拆卸程序适用于左侧。

(1)向下按橡皮边缘,拆下转向盘中央盖板。
(2)拆下转向柱上开关,取下转向盘。
(3)拆下阻风门控制手柄。
(4)拆下仪表板下饰板,取下转向柱。
(5)拆下转向柱管的密封衬套。
(6)从发动机罩中松开转向柱下端夹箍,取出螺栓,然后松开转向器上减振器支板。
(7)拆下齿条上的转向横拉杆支架,松开转向器壳体固定螺栓,取下转向器总成。
(8)取下转向柱。
(9)分解转向器:先拆齿条防尘罩,然后是齿条压紧装置,再拆下转向器壳端头的卡环、端盖、密封圈和弹簧,抽出齿条。最后拆下转向齿轮密封圈、密封座套,取出转向齿轮。

2.安装

安装上海桑塔纳轿车转向装置,按拆卸的相反顺序进行,但要注意以下事项。
(1)安装转向盘时,应使车轮处于直线行驶状态,转向灯开关处于中间位置,否则在安装时,当分离爪齿通过接触环上的簧片时,可能造成损坏。
(2)转向器装配后,必须检查、调整齿轮齿条的啮合间隙,调整步骤如下。
①将车轮处于直线行驶状态。
②松开锁止螺母,拧紧调整螺钉至接触止推垫圈挡块。
③固定调整螺钉不动,拧紧锁止螺母。
④试车检查。

三、学习拓展

(1)查阅切诺基维修手册,比较切诺基轿车转向装置和桑塔纳轿车转向装置的区别。
(2)根据桑塔纳转向装置拆装步骤,制订切诺基转向装置拆装计划。

四、评价与反馈

1. 自我评价与反馈
(1)你对本学习任务的学习是否满意?
评价情况:＿＿＿＿＿＿＿＿＿＿＿＿＿＿＿＿＿＿＿＿＿＿＿＿
(2)你能独立完成桑塔纳轿车转向装置的拆卸与装配吗?
评价情况:＿＿＿＿＿＿＿＿＿＿＿＿＿＿＿＿＿＿＿＿＿＿＿＿
(3)你是否知道桑塔纳轿车转向器啮合间隙的调整方法?
评价情况:＿＿＿＿＿＿＿＿＿＿＿＿＿＿＿＿＿＿＿＿＿＿＿＿
(4)你会正确使用转向装置拆装过程中涉及的工具吗?
评价情况:＿＿＿＿＿＿＿＿＿＿＿＿＿＿＿＿＿＿＿＿＿＿＿＿
签名:＿＿＿＿＿＿ ＿＿＿＿年＿＿＿＿月＿＿＿＿日

2. 小组评价与反馈
(1)你们小组在接到任务之后是否讨论过桑塔纳轿车转向装置的拆装计划?

评价情况：_____

(2)你们小组在拆装桑塔纳轿车转向装置的过程中是否有明确的分工？相互配合得好吗？

评价情况：_____

(3)你们小组在拆装桑塔纳轿车转向装置的过程中操作是否规范？

评价情况：_____

参与评价的同学签名：_____ _____年_____月_____日

3. 教师评价及答复

_____

_____

教师签名：_____ _____年_____月_____日

五、技能考核标准

序号	项目	作业内容	规定分	评分标准	得分
1	准备工作	工具、用具准备	10分	每漏一项扣1分	
2	总成拆卸	转向器的拆卸	20分	1.拆卸步骤及顺序错误扣10分； 2.拆卸方法不正确扣10分； 3.拆卸不熟练扣10分	
3	总成安装	转向器的安装	20分	1.装配步骤及顺序错误扣10分； 2.装配不熟练扣10分	
4	质量检查	转向器安装质量检查	20分	1.装配质量稍差扣5分； 2.装配质量差扣10分； 3.装配质量很差扣20分； 4.每漏装或错装一项扣10分； 5.每返工一次扣5分	
5	回答问题	转向器理论知识问题	5分	根据答错情况酌情扣分	
6	操作时间	时间控制在15min内	10分	1.每超时1min扣2分； 2.超出规定时间10min按不及格处理	
7	结束工作	考试现场恢复至考前状态	5分	1.结束工作较差扣2分； 2.结束工作差扣5分	
8	安全操作文明生产	1.正确选择和使用工具； 2.遵循安全操作规程； 3.保持操作现场整洁； 4.安全文明操作，无人身、设备、工具的事故	10分	1.违反安全操作规程按不及格处理； 2.工具选用不当每次扣2分； 3.工具使用不当每次扣2分； 4.零件工具落地每次扣2分； 5.人为导致机件损坏扣5分，损坏两处以上按不及格处理； 6.因操作不当发生重大事故的按0分处理	
	总分		100分		

学习任务十　盘式车轮制动器的构造与拆装

任务要求

完成本学习任务后,你应该能:
1. 叙述盘式车轮制动器的作用、组成和简单工作原理;
2. 叙述盘式车轮制动器各主要零部件在汽车上的安装位置;
3. 掌握盘式车轮制动器各主要零部件的识别及作用;
4. 按照技术规范正确拆装盘式车轮制动器;
5. 对盘式车轮制动器的安装质量进行自检。

建议学时:10 学时

任务描述

一辆2009款丰田卡罗拉1.8L GL-i型自动挡汽车左前轮制动不良,且制动时伴随金属摩擦声,经维修人员检查,发现其制动块摩擦片磨损过甚,需要更换制动块。

一、理论知识准备

制动器是汽车底盘制动系统的重要组成部分,汽车行驶时经常需要减速或停车,制动器一旦发生故障,将影响汽车的制动性能,甚至危及行车安全。

(一)制动系的功用

汽车制动系统的功用是:驾驶员可根据汽车行驶中的情况,通过对其操纵,控制其减速甚至紧急停车或正常停车;使下坡行驶的汽车速度保持稳定;使已停驶的汽车保持不动,保证汽车停放可靠。

(二)制动系的分类

1. 按功用不同分类

(1)行车制动系(图10-1):使行驶中的汽车减速或停车。

(2)驻车制动系:使已停驶的汽车驻留原地保持不动,如图10-2所示。

(3)第二制动系:当行车制动系失效时,保证汽车仍能实现减速或停车的另一套装置。

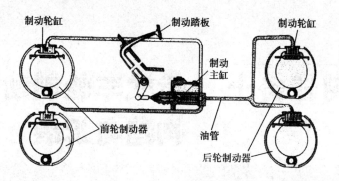

图 10-1 汽车行车制动系

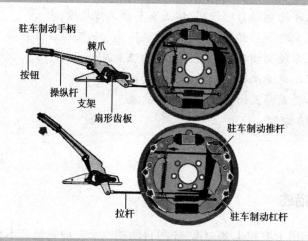

图 10-2 汽车驻车制动系

(4)辅助制动系:汽车下长坡时,用以稳定车速的一套装置。

2. 按制动能源不同分类

(1)人力制动系:以驾驶员肌体产生制动能源。

(2)动力制动系:以发动机动力转化成气压或液压势能进行制动。

(3)伺服制动系:兼用人力和发动机动力进行制动。

3. 按制动能量传输方式不同分类

制动系按制动能量传输方式不同可分为机械式制动系、液压式制动系(图 10-3)、气压式(图 10-4)制动系三种。

4. 按管路的布置形式不同分类

(1)单回路制动系:制动系采用单一的传动回路,当回路中有一处损坏而漏气、漏油时,整个制动系失效(现已淘汰)。

(2)双回路制动系:行车制动器的传动回路分属两个彼此独立的回路,当一个回路失效时,还能利用另一个回路获得一定的制动力,如图 10-5 所示。

(三)制动系的组成(图 10-6)

汽车制动系都包括行车制动和驻车制动两大部分。行车制动系统由以下四部分组成。

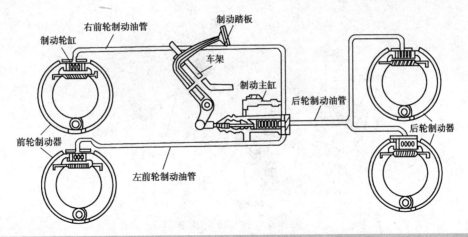

图 10-3　汽车液压式制动系

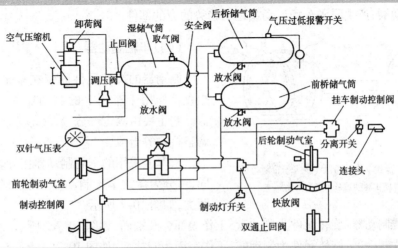

图 10-4　汽车气压式制动系

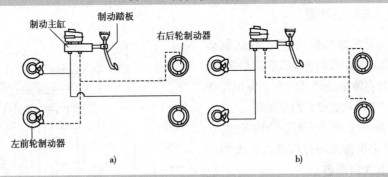

图 10-5　汽车双回路制动系
a)交叉型(X型)；b)一轴对一轴型

(1)供能装置：包括供给、调节制动所需能量以及改善传能介质状态的各种部件。人的肌体可作制动能源。

(2)控制装置：包括产生制动动作和控制制动效果的各种部件，如制动踏板。

(3)传动装置：包括将制动能量传输到制动器的各个部件及管路。如制动主缸、轮缸及

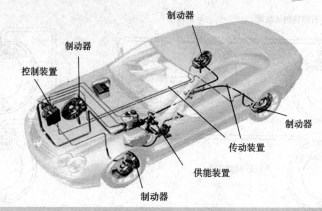

图10-6 汽车制动系的组成

连接管路。

（4）制动器：产生阻碍车辆运动或运动趋势的力的部件。

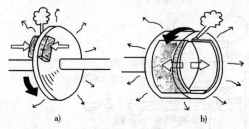

图10-7 盘式车轮制动器和鼓式车轮制动器
a）盘式制动器；b）鼓式制动器

（四）车轮制动器

制动器的旋转元件固装在车轮上，制动力矩直接作用于车轮上的制动器称为车轮制动器。它主要由固定部分、旋转部分、张开机构和调整机构等组成。

汽车上采用的车轮制动器按旋转元件的不同，可分为盘式车轮制动器和鼓式车轮制动器两类，如图10-7所示。

（1）盘式制动器：旋转元件为制动盘，工作表面为圆端面，如图10-7a）所示。

（2）鼓式制动器：旋转元件为制动鼓，工作表面为圆柱面，如图10-7b）所示。

（五）盘式车轮制动器

根据固定元件结构形式不同，盘式制动器可分为钳盘式制动器和全盘式制动器两种。钳盘式制动器在轿车及轻型货车上应用较普遍。全盘式制动器只有少数汽车采用。

钳盘式制动器按制动钳结构形式不同，又可分为定钳盘式和浮钳盘式两大类。

1. 定钳盘式制动器

特点：制动钳体有两个活塞，制动时钳体固定不动，其构造和工作原理分别如图10-8、图10-9所示。

2. 浮钳盘式制动器

特点：制动钳体只有一个活塞，制动时

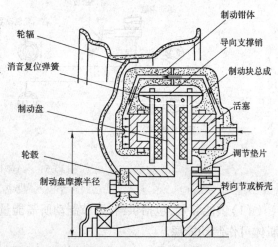

图10-8 定钳盘式制动器的构造

钳体要移动,其构造和工作原理分别如图 10-10 ~ 图 10-12 所示。

由于盘式制动器具有散热能力强,热稳定性能好,涉水性能好等优点,所以,目前盘式制动器已广泛应用于轿车。

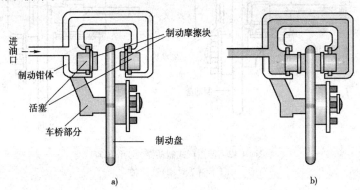

图 10-9　定钳盘式制动器的工作原理

a) 不制动时;b) 制动时

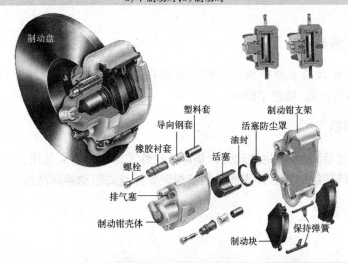

图 10-10　浮钳盘式制动器的构造

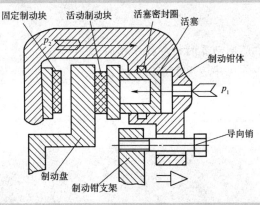

图 10-11　浮钳盘式制动器的构造

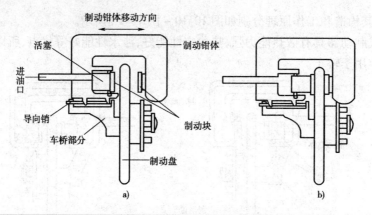

图10-12 浮钳盘式制动器的工作原理
a)不制动时;b)制动时

二、实践操作

(一)实践准备条件

卡罗拉轿车底盘或卡罗拉盘式车轮制动器总成拆装架数台,常用工具、专用工具各1套,工件盘、干净的抹布、维修手册等。

(二)注意事项

(1)制动器衬套防尘罩、挠性软管衬垫等一次性零件不能重复使用。
(2)与制动蹄接触的消音片表面必须按规定涂抹盘式制动器润滑脂。

(三)操作步骤

1.拆卸

小提示

1.车辆左侧和右侧制动器的拆卸程序相同。
2.下文列出的拆卸程序适用于左侧。

(1)拆卸前轮。
(2)排尽制动液。

小提示

排除制动液过程中,如果制动液溅出,应立即冲洗与任何涂漆表面接触的制动液。

(3)断开前挠性软管。拆下接头螺栓和衬垫,并从盘式制动器制动缸总成上分离前挠性软管,如图10-13箭头处所示。

(4)拆卸盘式制动器制动缸总成。固定前盘式制动器制动缸滑销,并拆下两颗螺栓和盘式制动器制动缸总成,如图10-14所示。

图10-13 前挠性软管的拆卸　　图10-14 制动缸总成的拆卸

(5)拆下前盘式制动器衬块。从前盘式制动器制动缸固定架上拆下两个盘式制动器衬块,如图10-15所示。

(6)拆下前消声垫片。从各制动垫块上拆下四块消音垫片。

(7)拆卸前盘式制动器衬块支撑板。从前盘式制动器制动缸固定架上拆下两个盘式制动器衬块支撑板(1号)和两个前盘式制动器衬块支撑板(2号),如图10-16所示。

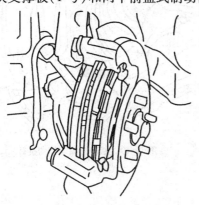 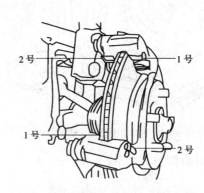

图10-15 制动块的拆卸　　图10-16 制动块支撑板的拆卸

 小提示

各前盘式制动器衬块支撑板的形状均不相同。确保在各前盘式制动器衬块支撑板上做好识别标记,以便将其安装至各自的原位。

(8)拆卸前盘式制动器制动缸滑销。从盘式制动器制动缸固定架上拆下制动缸两颗滑销,如图10-17所示。

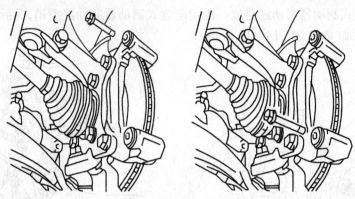

图10-17　制动缸滑销的拆卸

(9)拆卸前盘式制动器衬套防尘罩。从前盘式制动器制动缸固定架上拆下两个前盘式制动器衬套防尘罩,如图10-18所示。

(10)拆卸前盘式制动器制动缸固定架。从转向节上拆下两个螺栓和前盘式制动器制动缸固定架,如图10-19所示。

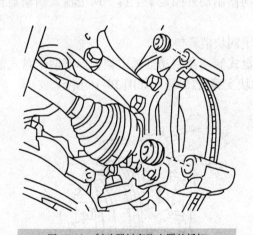
图10-18　制动器衬套防尘罩的拆卸

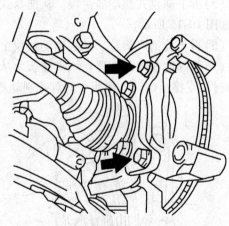
图10-19　制动缸固定架的拆卸

(11)拆卸前制动盘。

小提示

在制动盘和车桥轮毂上做好装配标记,如图10-20所示。

2. 装配

(1)安装前制动盘。先对准制动盘和车桥轮毂的装配标记(图10-20),再安装制动盘。

**小提示**

换上新的制动盘时,应选择前制动盘径向跳动最小的位置进行安装。

(2)安装前盘式制动器制动缸固定架。用两个螺栓将前盘式制动器制动缸固定架安装至转向节(扭矩107 N·m),如图10-21所示。

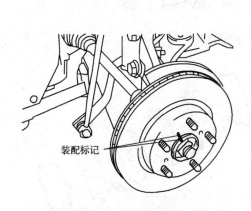

图10-20　制动盘的拆卸

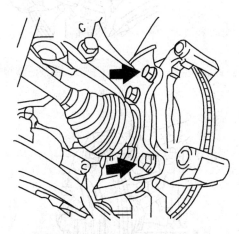

图10-21　制动缸固定架的安装

(3)安装前盘式制动器衬套防尘罩。在两个新的前盘式制动器衬套防尘罩上涂抹锂皂基乙二醇润滑脂,然后将两个前盘式制动器衬套防尘罩安装至前盘式制动器制动缸固定架,如图10-22所示。

(4)安装前盘式制动器制动缸滑销。在前盘式制动器制动缸滑销上涂抹锂皂基乙二醇润滑脂,然后将两个滑销安装至前盘式制动器制动缸固定架,如图10-23所示。

(5)安装前盘式制动器衬块支撑板。将两个前盘式制动器衬块支撑板(1号)和两个前盘式制动器衬块支撑板(2号)安装至前盘式制动器制动缸固定架,如图10-24所示。

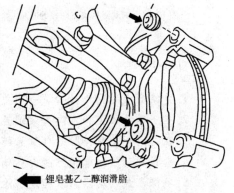

图10-22　制动器衬套防尘罩的安装

小提示

确保每个前盘式制动器衬块支撑板都安装至正确的位置和方向。

(6)安装前消音垫片。

①在每个1号消音垫片的两侧涂抹盘式制动器润滑脂,如图10-25所示。

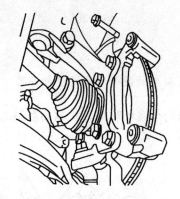 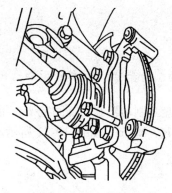

图10-23 制动缸滑销的安装

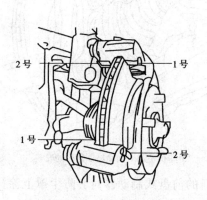 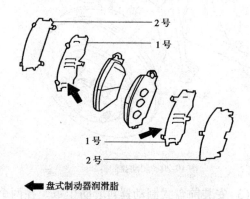

◀ 盘式制动器润滑脂

图10-24 制动器衬块支撑板的安装　　　图10-25 消音垫片的安装

 小提示

1. 更换磨损的衬块时必须一同更换消音垫片。
2. 在正确的位置和方向安装消音垫片。
3. 在与消音垫片接触的部位涂抹盘式制动器润滑脂。
4. 盘式制动器润滑脂可能会从消音垫片的安装部位稍稍溢出。
5. 确保盘式制动器润滑脂没有涂到衬片表面。

②将两个1号消音垫片和两个2号消音垫片安装至各制动衬块。

(7) 安装前盘式制动器衬块。将两个盘式制动器衬块安装至盘式制动器制动缸固定架。

 小提示

盘式制动器衬块或前制动盘的摩擦面上应无油污或润滑脂。

(8)安装盘式制动器制动缸总成。固定前盘式制动器制动缸滑销,并用两颗螺栓将盘式制动器制动缸总成安装至前盘式制动器制动缸固定架上(扭矩34 N·m),如图10-26所示。

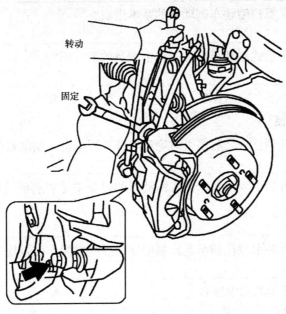

图10-26 制动缸总成的安装

(9)连接前挠性软管。用接头螺栓和新衬垫将挠性软管连接至盘式制动器制动缸总成(扭矩29N·m)。

将挠性软管牢固安装至盘式制动器制动缸的锁孔中。

(10)安装前轮。扭矩为103N·m。

三、学习拓展

(1)查阅上海桑塔纳2000型轿车维修手册,比较桑塔纳轿车前盘式制动器结构和卡罗拉的前盘式制动器结构的区别。
(2)根据卡罗拉盘式制动器拆装步骤,制订桑塔纳盘式制动器拆装计划。

四、评价与反馈

1. 自我评价与反馈

(1)你对本学习任务的学习是否满意?

评价情况：_____

(2) 你能独立完成卡罗拉轿车盘式制动器的拆卸与装配吗？

评价情况：_____

(3) 你是否知道卡罗拉型轿车制动系的基本组成？

评价情况：_____

(4) 你会正确使用盘式制动器拆装过程中涉及的工具吗？

评价情况：_____

     签名：_____ _____年_____月_____日

2. 小组评价与反馈

(1) 你们小组在接到任务之后是否讨论过卡罗拉轿车盘式制动器的拆装计划？

评价情况：_____

(2) 你们小组在拆装卡罗拉轿车盘式制动器的过程中是否有明确的分工？相互配合得好吗？

评价情况：_____

(3) 你们小组在拆装卡罗拉轿车盘式制动器的过程中操作是否规范？

评价情况：_____

    参与评价的同学签名：_____ _____年_____月_____日

3. 教师评价及答复

_____

_____

    教师签名：_____ _____年_____月_____日

五、技能考核标准

序号	项目	作业内容	规定分	评分标准	得分
1	准备工作	工具、用具准备	10分	每漏一项扣1分	
2	总成拆卸	拆卸盘式制动器	20分	1.拆卸步骤及顺序错误扣10分； 2.拆卸方法不正确扣10分； 3.拆卸不熟练扣10分	
3	总成安装	安装盘式制动器	20分	1.装配步骤及顺序错误扣10分； 2.装配不熟练扣10分	
4	质量检查	盘式制动器安装质量检查	20分	1.装配质量稍差扣5分； 2.装配质量差扣10分； 3.装配质量很差扣20分； 4.每漏装或错装一项扣10分； 5.每返工一次扣5分	

续上表

序号	项目	作业内容	规定分	评分标准	得分
5	回答问题	盘式车轮制动器理论知识问题	5分	根据答错情况酌情扣分	
6	操作时间	时间控制在20min内	10分	1. 每超时1min扣2分； 2. 超出规定时间10min按不及格处理	
7	结束工作	考试现场恢复至考前状态	5分	1. 结束工作较差扣2分； 2. 结束工作差扣5分	
8	安全操作文明生产	1. 正确选择和使用工具； 2. 遵循安全操作规程； 3. 保持操作现场整洁； 4. 安全文明操作,无人身、设备、工具的事故	10分	1. 违反安全操作规程,按不及格处理； 2. 工具选用不当每次扣2分； 3. 工具使用不当每次扣2分； 4. 零件工具落地每次扣2分； 5. 人为导致机件损坏扣5分,损坏两处以上按不及格处理； 6. 因操作不当发生重大事故的按0分处理	
		总分	100分		

学习任务十一　鼓式车轮制动器的构造与拆装

任务要求

完成本学习任务后,你应该能:
1. 叙述鼓式车轮制动器的作用、组成和简单工作原理;
2. 叙述鼓式车轮制动器各主要零部件在汽车上的安装位置;
3. 掌握鼓式车轮制动器各主要零部件的识别及作用;
4. 按照技术规范正确拆装鼓式车轮制动器;
5. 对鼓式车轮制动器的安装质量进行自检。

建议学时:10 学时

 任务描述

一辆普通桑塔纳轿车制动不良,且制动时伴随金属摩擦声,经维修人员检查,发现其制动蹄摩擦片磨损过甚,需要更换制动蹄。

一、理论知识准备

制动器是汽车底盘制动系统的重要组成部分,汽车行驶时经常需要减速或停车,制动器一旦发生故障,将影响汽车的制动性能,甚至危及行车安全。

(一)制动系的功用

汽车制动系统的功用是:驾驶员可根据行驶中的情况,通过对其操纵,控制汽车减速甚至紧急停车或正常停车;使下坡行驶的车速保持稳定;使已停驶的汽车保持不动,保证汽车停放可靠。

(二)制动系的工作原理

如图 11-1 所示,当驾驶员踩下制动踏板时,推杆推动制动主缸活塞压缩制动液,使制动液经油管进入制动轮缸,推动轮缸活塞克服复位弹簧的拉力,使制动蹄绕支承销转动而张开,消除制动间隙后紧压在制动鼓上,产生摩擦制动力,使汽车减速直至停车。

（三）鼓式车轮制动器的类型

1. 领从蹄式

（1）结构特点：两蹄上端共用一个双活塞轮缸促动，下端分别用偏心销轴支撑，其制动蹄、制动轮缸、支承销在制动底板的布置是轴向对称的，如图11-2所示。

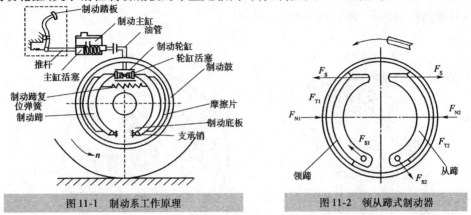

图11-1 制动系工作原理　　　图11-2 领从蹄式制动器

（2）增势与减势作用：当汽车前进时，制动鼓按图示箭头方向旋转；汽车制动时，前后制动蹄在轮缸活塞推力作用下分别绕各自的支点旋转。由于前蹄的旋转方向与制动鼓旋转方向相同，故称为领蹄。后蹄的旋转方向与制动鼓旋转方向相反，故称为从蹄。

在制动过程中，制动鼓对领从蹄作用有法向反力和切向反力，由图可见，领蹄上的切向反力使领蹄压紧在制动鼓上，有"增势"作用。反之，从蹄具有"减势"作用。因此，两蹄上所产生的制动力矩并不相等，领蹄产生的制动力矩大于从蹄，前者约为后者的2～2.5倍，而这也将导致两者的磨损不一致，使用寿命不等。

2. 双领蹄式和双向双领蹄式制动器

（1）双领蹄式制动器。在汽车前进、制动鼓正向旋转时制动，两蹄均为领蹄的制动器称为双领蹄式制动器，如图11-3所示。

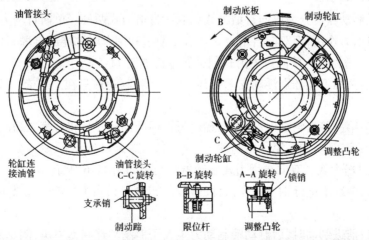

图11-3 双领蹄式制动器

结构特点:两制动蹄各用一个单活塞轮缸促动,且两套制动蹄、轮缸、支承销在制动底板上的布置是中心对称的。

工作特点:前进时制动,两蹄均为领蹄,制动效能好;倒车时制动,两蹄均为从蹄,制动效能差。

(2)双向双领蹄式制动器。无论是前进制动还是倒车制动,两蹄均为领蹄的制动器称为双向双领蹄式制动器,如图11-4所示。

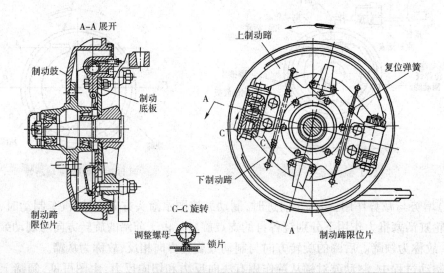

图11-4 双向双领蹄式制动器

结构特点:一是采用双活塞式制动轮缸;二是两制动蹄两端都采用浮式支承,且支点的轴向位置也是浮动的;三是制动底板上的所有固定元件既按轴对称,又按中心对称布置。

工作特点:不管是前进制动还是倒车制动,两蹄均为领蹄,制动效能较好。

3. 自增力式制动器

自增力式制动器可分为单向自增力式和双向自增力式两种。单向自增力式只在汽车前进制动时起自增力作用,而双向自增力式在汽车前进和倒车时都能起自增力作用。

(1)单向自增力式。单向自增力式制动器结构如图11-5所示。

结构特点:两蹄下端分别浮动支承在顶杆的两端,制动蹄只在上方有一个支承销,采用单活塞轮缸。

工作特点:第一蹄由轮缸促动,第二蹄由顶杆促动;前进制动时,第二蹄制动力矩大于第一蹄制动力矩;倒车制动时,第一蹄制动力矩小,第二蹄无制动力矩。

(2)双向自增力式。双向自增力式制动器的结构如图11-6所示。

结构特点:两蹄下端分别支承在顶杆的两端,制动蹄只在上方有一个支承销,采用双活塞轮缸。

工作特点:前进制动时,后制动蹄制动力矩大于前制动蹄制动力矩;倒车制动时,前制动蹄制动力矩大于后制动蹄制动力矩。

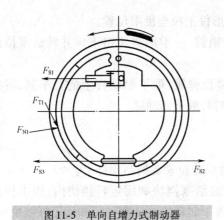
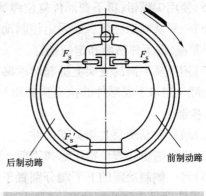

图 11-5　单向自增力式制动器　　　　图 11-6　双向自增力式制动器

二、实践操作

(一)实践准备条件

桑塔纳轿车底盘或桑塔纳鼓式车轮制动器总成拆装架数台,常用工具、专用工具各1套,工件盘、干净的抹布、维修手册等。

(二)注意事项

(1)制动器衬套防尘罩、挠性软管衬垫等一次性零件不能重复使用。

(2)与制动蹄接触的消音片表面必须按规定涂抹盘式制动器润滑脂。

(三)操作步骤

1. 拆卸

(1)用专用工具 VW637/2 取下轮毂盖。

 小提示

如果没有专用工具,也可以用螺丝刀进行拆卸。

(2)用尖嘴钳拆下车轮支承短轴上的开口销,取下开槽垫圈。

(3)拆下轴承调整螺母,取出止推垫圈、外轴承。

(4)取下车轮及制动鼓,取出内轴承。

 小提示

1.取下车轮及制动鼓时,要整体水平外移,这样会省力些。

2.如果车轮及制动鼓取下非常困难,可使用一字螺丝刀插入制动鼓的观察孔中,拨动驻车制动推杆上的楔形件,使制动蹄收缩,便可轻松取下车轮及制动鼓。

(5)使用尖嘴钳,拆下楔形件复位弹簧,将楔形件上拉至极限位置。

(6)一手从制动底板后面固定住制动蹄定位销钉,一手用鲤鱼钳下压并转动定位销钉上的弹簧座,取下弹簧座和定位销钉。

(7)用手从下面的支架上提起制动蹄,取下复位弹簧,取下制动杆上的驻车制动拉索,然后用鲤鱼钳取下楔形件的拉力弹簧和上复位弹簧,取下制动蹄。

2. 安装

(1)组装制动蹄及其相关零部件。

(2)用尖嘴钳和鲤鱼钳压缩弹簧后,将驻车制动器拉索装到制动杆上。

(3)将一侧制动蹄的上下端分别置于制动轮缸活塞挡块和固定杆挡块内,用手扶住并用另一手拉动另一侧的制动蹄,使其上下端分别置于制动轮缸活塞挡块和固定杆挡块内。

(4)装好制动蹄定位销钉及其弹簧座。

(5)装上车轮及制动鼓。

 小提示

1. 调整楔形件位于最上端,使制动蹄外圆最小,便于安装车轮及制动鼓。
2. 安装车轮及制动鼓时,要使车轮纵平面垂直于短轴,水平前移。

三、学习拓展

(1)查阅雪佛兰科鲁兹轿车维修手册,比较科鲁兹轿车和桑塔纳2000型轿车后鼓式制动器的结构区别。

(2)根据桑塔纳2000型轿车后鼓式制动器的拆装步骤,制订科鲁兹轿车后鼓式制动器的拆装工艺。

四、评价与反馈

1. 自我评价与反馈

(1)你对本学习任务的学习是否满意?

评价情况:＿＿＿＿＿＿＿＿＿＿＿＿＿＿＿＿＿＿

(2)你能独立完成桑塔纳2000型轿车后鼓式制动器的拆卸与装配吗?

评价情况:＿＿＿＿＿＿＿＿＿＿＿＿＿＿＿＿＿＿

(3)你是否知道桑塔纳2000型轿车制动系的基本组成?

评价情况:＿＿＿＿＿＿＿＿＿＿＿＿＿＿＿＿＿＿

(4)你会正确使用鼓式制动器拆装过程中涉及的工具吗?

评价情况:＿＿＿＿＿＿＿＿＿＿＿＿＿＿＿＿＿＿

签名:＿＿＿＿＿＿   ＿＿＿＿＿＿年＿＿＿＿月＿＿＿＿日

2. 小组评价与反馈

（1）你们小组在接到任务之后是否讨论过桑塔纳2000型轿车鼓式制动器的拆装计划？

评价情况：_____

（2）你们小组在拆装桑塔纳2000型轿车鼓式制动器的过程中是否有明确分工？相互配合得好吗？

评价情况：_____

（3）你们小组在拆装桑塔纳2000型轿车鼓式制动器的过程中操作是否规范？

评价情况：_____

参与评价的同学签名：_____ _____年_____月_____日

3. 教师评价及答复

_____

_____

教师签名：_____ _____年_____月_____日

五、技能考核标准

序号	项目	作业内容	规定分	评分标准	得分
1	准备工作	工具、用具准备	10分	每漏一项扣1分	
2	总成拆卸	拆卸鼓式制动器	20分	1. 拆卸步骤及顺序错误扣10分； 2. 拆卸方法不正确扣10分； 3. 拆卸不熟练扣10分	
3	总成安装	安装鼓式制动器	20分	1. 装配步骤及顺序错误扣10分； 2. 装配不熟练扣10分	
4	质量检查	鼓式制动器安装质量检查	20分	1. 装配质量稍差扣5分； 2. 装配质量差扣10分； 3. 装配质量很差扣20分； 4. 每漏装或错装一项扣10分； 5. 每返工一次扣5分	
5	回答问题	鼓式车轮制动器理论知识问题	5分	根据答错情况酌情扣分	
6	操作时间	时间控制在20min内	10分	1. 每超时1min扣2分； 2. 超出规定时间10min按不及格处理	
7	结束工作	考试现场恢复至考前状态	5分	1. 结束工作较差扣2分； 2. 结束工作差扣5分	
8	安全操作文明生产	1. 正确选择和使用工具； 2. 遵循安全操作规程； 3. 保持操作现场整洁； 4. 安全文明操作，无人身、设备、工具的事故	10分	1. 违反安全操作规程按不及格处理； 2. 工具选用不当每次扣2分； 3. 工具使用不当每次扣2分； 4. 零件工具落地每次扣2分； 5. 人为导致机件损坏扣5分，损坏两处以上按不及格处理； 6. 因操作不当发生重大事故的按0分处理	
	总分		100分		

参 考 文 献

[1] 吴玉基.汽车自动变速器构造与维修[M].北京:人民交通出版社,2002.

[2] 周林福.汽车底盘构造与维修[M].2版.北京:人民交通出版社,2011.

[3] 陈家瑞.汽车构造[M].5版.北京:人民交通出版社,2006.

[4] 朱迅.汽车自动变速器维修[M].北京:机械工业出版社,2002.

[5] 赵新民.汽车构造[M].北京:人民交通出版社,1999.

[6] 朱军.汽车底盘常见维修项目实训教材[M].北京:人民交通出版社,2009.

[7] 赵国富,管思进.自动变速器结构原理与维修[M].北京:机械工业出版社,2012.

[8] 刘佃瑞.汽车自动变速器[M].济南:山东大学出版社,2011.

[9] 孙纬东.欧洲车系自动变速器的结构与维修[M].北京:机械工业出版社,2010.